Reinhard Scholl

Point & Figure

Reinhard Scholl

POINT & FIGURE

Traden mit der zeitlosen Charttechnik

FBV

Bibliografische Information der Deutschen Nationalbibliothek
Die Deutsche Nationalbibliothek verzeichnet diese Publikation in der Deutschen Nationalbibliografie; detaillierte bibliografische Daten sind im Internet über **http://d-nb.de** abrufbar.

Für Fragen und Anregungen:
scholl@finanzbuchverlag.de

1. Auflage 2014

Nymphenburger Straße 86
D-80636 München
Tel.: 089 651285-0
Fax: 089 652096

Redaktion: Monika Spinner-Schuch
Korrektorat: T.A. Wegberg, Berlin
Umschlaggestaltung: Pamela Machleidt, München
Umschlagabbildung: unter Verwendung von istock-Bildern
Satz: Georg Stadler, München
Druck: CPI – Ebner & Spiegel, Ulm
Printed in Germany

ISBN Print 978-3-89879-823-5
ISBN E-Book (PDF) 978-3-86248-478-2
ISBN E-Book (EPUB, Mobi) 978-3-86248-479-9

Weitere Informationen zum Verlag finden Sie unter
www.finanzbuchverlag.de
Beachten Sie auch unsere weiteren Imprints unter
www.muenchner-verlagsgruppe.de

Inhalt

Einleitung

Was ist Point & Figure?

Eine lexikalische Kurzzusammenfassung könnte wie folgt lauten:

Point & Figure (auch Point and Figure, P&F) ist ein methodisches Konzept aus dem Bereich der technischen Analyse. Die charakteristische, »kästchenartige« Chart-Darstellungsform reicht über 100 Jahre zurück. Die Kursdaten werden dabei gefiltert und auf Intervalle reduziert. Diese Intervalle nennt man Box oder Kästchen. Kursbewegungen innerhalb einer Box werden ignoriert. Die Größe einer Box kann je nach gewünschtem Detaillierungsgrad eingestellt werden. Dabei können absolute Werte oder auch die prozentuale (logarithmische) Skalierung genutzt werden. Erst wenn der Kurs über die Boxgröße abweicht, wird eine neue Box im Chart eingezeichnet. Solange kein Trendwechsel vorliegt, werden die Boxsymbole übereinander abgetragen. Ein X steht dabei für eine steigende Bewegung (Aufwärtstrend), ein O steht für eine fallende Bewegung (Abwärtstrend). Diese Fokussierung auf den Trend geschieht unter Ausblendung der für die Kursbewegung benötigten Zeit. Daher ist die Zeitachse eines P&F-Diagramms nicht äquidistant und von untergeordneter Bedeutung. Zusätzlich zum Boxfilter wird der Umkehrfilter verwendet. Die Umkehr ist eine ganze Zahl, die angibt, wie viele Boxen einer Gegenbewegung erforderlich sind, um im Chart einen Trendwechsel – von X zu O oder umgekehrt – einzuzeichnen. Die 3er-Umkehr wird am häufigsten verwendet und besitzt zusätzlich zur Darstellungsform das umfangreichste methodische Regelwerk.

Zu den technischen Konzepten gehören: Trendlinien, Kurszielbestimmung, eindeutige Muster, die zu Kauf- oder Verkaufssignalen führen, sowie ein Regelwerk, um aussagekräftige, starke Signale zu erkennen. Das besondere Merkmal ist hierbei die objektive Bestimmung der genannten Elemente anhand des klaren Regelwerks. Die P&F-Methode stammt ursprünglich aus den USA und ist in Deutschland (noch) weniger verbreitet als im Ursprungsland oder beispielsweise in Großbritannien. P&F gehört zum Pflichtausbildungsprogramm des Weltverbandes der Technischen Analysten.

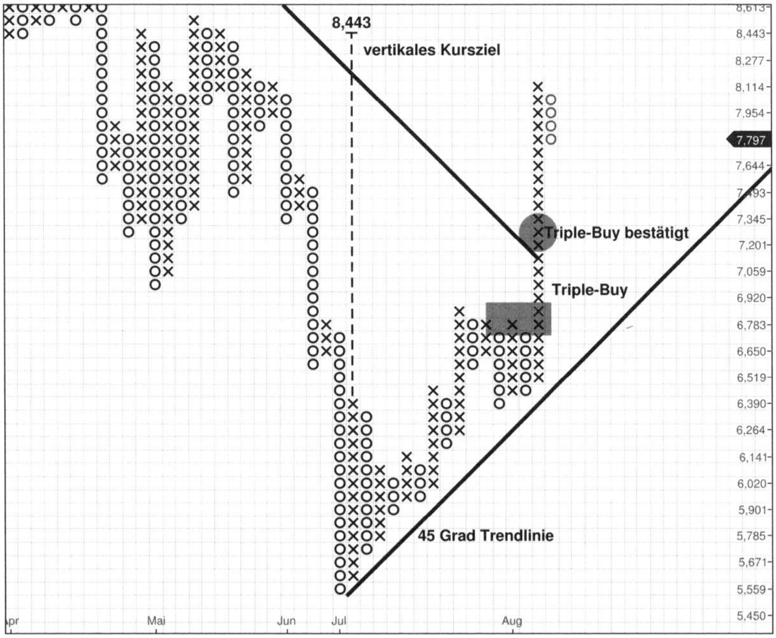

Abbildung 1: Beispiel eines Point & Figure-Charts mit Analysewerkzeugen

Wir werden in diesem Lehrbuch Schritt für Schritt jeden Aspekt dieser Zusammenfassung beleuchten und jedes Konzept anzuwenden lernen. Der Nutzen ist sowohl für das längerfristige Investieren als auch für das kurzfristige Handeln gegeben. Die Point & Figure-Darstellung und die ersten Grundzüge der Methodik wurden beispielsweise direkt in den US-Handelssälen entwickelt. Und zwar aus ganz praktischen und bodenständigen Gründen: nämlich der Suche nach einer effizienten und effektiven Darstellungsform des Kursgeschehens, um durch die Betrachtung und Analyse der Kursdiagramme Prognosen zu erstellen.

Im Lauf der Zeit wurde die Methodik verbessert und ergänzt. Insbesondere dank der heutigen Verfügbarkeit von Computern und entsprechender Software lassen sich von jedermann – und nicht nur von Investmentprofis mit teuerstem Equipment – in kurzer Zeit Point & Figure-Analysen erstellen.

Auch wer seine Investments primär fundamental auswählt, kann stark von P&F profitieren. Zum einen in Bezug auf das Timing: Wann genau kaufe ich? Zum anderen zur klaren Risikobegrenzung: Wann verkaufe ich?

Besondere Vorkenntnisse der technischen Analyse werden für die Arbeit mit diesem Lehrbuch nicht vorausgesetzt. Es ist natürlich von Vorteil, wenn Sie das Buch in die Hand nehmen und bereits Erfahrung gesammelt haben mit Liniencharts, Trendlinien, gleitenden Durchschnitten u.a. Sollten Sie sogar umfassende Expertise in verschiedenen Bereichen der technischen Analyse gesammelt haben, werden Ihnen diese Kenntnisse beim Erlernen und Einordnen der neuen Konzepte helfen.

Wenn es sich anbietet, werden zudem Querbezüge hergestellt. So ist beispielsweise das Konzept der Trendlinie keineswegs eine Besonderheit von Point & Figure, erfährt jedoch hier eine einzigartige Ergänzung, die es so in keinem anderen methodischen Konzept gibt.

Häufig ist nach einem ersten Blick auf ein Point & Figure-Chart die Neugier groß, um herauszufinden, was sich dahinter verbirgt. Ebenfalls recht häufig – so zeigt die Erfahrung – wird mangels guten Lehrmaterials die Sache dann wieder ad acta gelegt. Ein Missverständnis ist, dass es sich bei Point & Figure lediglich um eine »neue« Darstellungsart der Kursdaten handelt, die sich auf den ersten Blick nicht erschließt.

Doch täuschen Sie sich nicht! Geben Sie Point & Figure eine Chance. Angesichts der Geldbeträge, die hinter dem Thema »Investieren und Handeln« stehen, empfiehlt es sich doch sehr, seinen Horizont ständig zu erweitern. Nehmen Sie sich etwas Zeit für dieses Buch, und urteilen Sie anschließend. Ich bin überzeugt, Sie werden feststellen:

Point & Figure ist eine bewährte Darstellungsart des Kursgeschehens, die sich in der Tat auf den ersten Blick erschließt. Mithilfe weniger Analysewerkzeuge wird die Lage präzise und objektiv nachvollziehbar beschrieben. Konkrete Szenarien für das Investieren oder Handeln können erstellt werden.

Point & Figure hat klare Regeln, ohne jedoch die persönlichen Neigungen des Handelnden (konservativ bis risikobereit, trendfolgend bis antizyklisch) einzuschränken. Die Methodik liefert die Fakten. Gerade bei Point & Figure ist Selbstbetrug äußerst schwierig. Auch wenn die Aktie noch so »attraktiv« erscheint, das Chartbild gibt eine unabhängige Empfehlung.

Der bereits erwähnte Weltverband der Technischen Analysten (www.ifta.org) und seine Landesverbände – wie die deutsche VTAD (Vereinigung Technischer Analysten Deutschlands e.V. www.vtad.de) – bieten verschiedene Weiterbildungsmaßnahmen und Zertifizierungen an. Dieses Buch soll dem Leser, der daran Interesse hat, auch dabei helfen, die dort auftretenden Fragen rund um Point & Figure zu verstehen und vorgegebene P&F-Chartbilder korrekt zu analysieren.

Die Kapitel dieses Buches haben eine einheitliche Struktur, um das Lesen und Erlernen zu vereinfachen:

- *Zusammenfassung* – verschaffen Sie sich zunächst einen Überblick über das, was Sie erwartet. Wichtige Begriffe und Stichworte werden hier genannt.

- *Einführungs-Chart* – das Thema des Kapitels wird durch ein Chart visualisiert.

- *Thema im Detail* – wichtige Definitionen, Begriffe und Sachverhalte werden zusätzlich durch Fettdruck hervorgehoben.

- *Workshop* – hier werden Aufgaben gestellt, die sich auf das Kapitel beziehen. Die Lösungen zu allen Aufgaben finden Sie im Anhang.

Die Struktur des Buches ergibt sich aus dem Inhaltsverzeichnis. Neben dem Erlernen der Point & Figure-Darstellung und der zugehörigen Konzepte wird auch praktisches Erfahrungswissen vermittelt.

Wie bei jedem Buch, das eine primär visuelle Methodik erläutert, darf mit Abbildungen nicht gespart werden. Ein Bild sagt eben tatsächlich oft mehr als tausend Worte. Dabei werden durchgängig bei allen Abbildungen echte Kursdaten von Aktien, Indizes oder anderen Finanzinstrumenten von allgemeinem Interesse verwendet. Jede Abbildung kann bei Bedarf daher selbst nachvollzogen werden, und es wird hier nichts künstlich konstruiert: Alle Beispiele sind aus dem echten Kursgeschehen herausgegriffen.

Um präzise zu sein, werden einige Abläufe in Form von Algorithmen beschrieben (beispielsweise die genaue Konstruktion von Point & Figure-Charts). Die Algorithmen werden in Pseudocode formuliert und sind daher für diejenigen Leser, die sich schon einmal mit Programmieren beschäftigt haben, zusätzlich eine nützliche und kompakte Darstellungsform. Um den Lesefluss nicht zu bremsen, werden diese präzisen Abläufe jedoch unter Punkt 7 (»Anhang Point & Figure-Algorithmen«) zusammengefasst.

Der praktisch orientierte Leser schätzt sicherlich die Möglichkeit einer sofortigen Umsetzung und Anwendung des Erlernten. So wird neues Wissen verankert und werden Erfahrungswerte geschaffen. Die Verwendung einer Software für die technische Analyse mit Point & Figure-Funktionalität ist daher wünschenswert. Eine bestimmte Software wird dabei nicht vorausgesetzt – sie sollte allerdings korrekt bei der Berechnung und Darstellung von Point & Figure-Charts vorgehen und möglichst die wichtigsten methodischen Konzepte unterstützen. Das ist leider nicht selbstverständlich. Die Mehrzahl der Abbildungen in diesem Buch wurde mit der Software »Guidants« erstellt (www.guidants.de).

Wenden wir uns zunächst im ersten Kapitel der Gretchenfrage zu: Warum sollte ich mich überhaupt mit Point & Figure beschäftigen?

Reinhard Scholl
8. Oktober 2013

1. Warum wir Point & Figure nutzen sollten

Es gibt einige grundlegende Dinge, die der Leser dieses Buches wissen sollte. Zunächst ist Point & Figure ein methodisches Konzept aus der Domäne der technischen Analyse.

1.1 Technische Analyse

»Technische Analyse ist das Studium von Marktbewegungen, in erster Linie durch den Einsatz von Charts, um zukünftige Kurstrends vorherzusagen«, so lautet eine Definition aus Murphy (2011), einem Standardwerk der technischen Analyse. Es geht darum, durch Analyse des vergangenen Marktgeschehens Prognosen über die zukünftige Entwicklung zu erstellen.

Dies gilt daher im Speziellen auch für die Point & Figure-Methode.

Der Diskurs, warum dies funktioniert, ist nicht neu und dauert an. Er soll hier nicht tiefer erörtert werden. Jedoch sei der Hinweis erlaubt, dass nicht nur die Existenz von Konjunkturzyklen für das fundamentale Konzept des Trends – eine der Grundlagen für die Entwicklung von Prognosen – verantwortlich ist, sondern insbesondere die Tatsache, dass Menschen mit all ihren individuellen, komplexen Motivationen und Gefühlen (z. B.Gier, Hoffnung, Angst etc.) letztlich als Käufer und Verkäufer den Preis einer Aktie bestimmen. Dies geschieht eingebettet in weitere komplexe gruppendynamische Prozesse, an denen die Menschen teilhaben (Herdentrieb, Panik, Tipps von Experten, Medienberichte, Analystenempfehlungen etc.), und schließlich auch eingebettet in komplexe organisatorische Prozesse (beispielsweise die Entscheidungsprozesse von institutionellen Marktakteuren, die am Markt als Käufer und Verkäufer auftreten).

Das grundlegende Modell eines rational agierenden *Homo oeconomicus*, der ausschließlich an der Nutzenmaximierung ausgerichtet handelt, ist unvollkommen und entspricht nicht der Realität. Daher gibt es schon lange die inzwischen etablierte Verhaltensökonomik (behavioral economics) und die später daraus entwickelte verhaltensorientierte Finanzwissenschaft (behavioral finance) als eigenständige Disziplin (vgl. Goldberg/Stock 2013, Goldberg/Nitzsch 2000, Schriek 2010). Hier finden sich grundlegende Erklärungsmodelle für das, was technische Analysten seit über 100 Jahres durch das Studium der Marktdaten gelernt haben.

Letztlich ist die technische Analyse ergebnisorientiert. Sie fokussiert auf das Was, nicht auf das Warum.

1.2 Nützliche Eigenschaften von Point & Figure

Das methodische Handwerkszeug von Point & Figure ist sehr vollständig. Die Darstellung selbst ist darauf ausgelegt, das Kursgeschehen auf das Wesentliche zu reduzieren – quasi auf den Punkt zu bringen (der Name Point & Figure stammt allerdings nicht daher). Der ständige Kampf im Markt zwischen Käufern und Verkäufern soll sichtbar werden. Deswegen werden im Kernkonzept die Aufwärts- und Abwärtsbewegungen optisch getrennt dargestellt, und das Kursgeschehen wird von kleinen, wenig relevanten Bewegungen befreit.

Die Möglichkeiten der Parametrisierung sind dabei sehr flexibel. Point & Figure ist für langfristige Investoren ebenso wie für kurzfristig orientierte Händler geeignet. Tatsächlich begann die Entwicklung von Point & Figure-Charts vor über 100 Jahre in den Handelssälen der USA und wurde von Trader-Persönlichkeiten vorangetrieben.

Neben der Darstellung und deren Interpretation gibt es ein einfaches und kompaktes Regelwerk. Es umfasst im Wesentlichen:

- die objektive Bestimmung von Trendlinien und Trend;
- eindeutige, objektiv bestimmbare Muster, die zu Kauf- oder Verkaufssignalen führen;
- die objektive Bestimmung von Kurszielen;

- ein Regelwerk für den Umgang mit Mustern, Zielen und Trendlinien, um die aussagekräftigen, starken Signale von den schwachen Signalen zu trennen.

Daher auch die lockere Bezeichnung als »All-inclusive-Methode«.

Unter objektiv ist dabei zu verstehen, dass zwei verschiedene Point & Figure-Analysten zum gleichen Ergebnis kommen. Diese Eigenschaft ist besonders bemerkenswert. Zwar wird Point & Figure gerne unter »Technik für Fortgeschrittene« verbucht, doch gerade Einsteiger in die Materie der technischen Analyse sind gut beraten, sich damit auseinanderzusetzen.

In diesem Lehrbuch werde ich Ihnen das gesamte relevante methodische Handwerkszeug erklären und durch Übungsaufgaben und Lösungen festigen.

Natürlich gehören auch signifikante Erfahrungswerte dazu. Die Praxis ist durch nichts zu ersetzen. Umso erfreulicher, dass inzwischen auf dem Markt Software existiert, die im Wesentlichen frei oder günstig zur Verfügung steht, sodass die praktische Anwendung geübt werden kann. Hervorzuheben ist hier die Software »Guidants« (www.guidants.de), mit der eine Vielzahl der Abbildungen in diesem Buch erstellt wurde.

Was fehlt? Was Point & Figure nicht leisten kann, ist die Analyse und Prognose der Zeitdauer, bis ein Signal, Kursziel oder ein Trend sich ergibt oder ändert. Die Zyklentheorie, die versucht, dies zu leisten, ist eine eigene, unabhängige Disziplin (siehe z. B. Kirkpatrick/Dahlquist 2010).

Kurz zu einigen Missverständnissen im Zusammenhang mit der Point & Figure-Methode:

- »Point & Figure reduziert das Kursgeschehen viel zu stark. Als Trader kann ich nichts damit anfangen.« Das ist falsch. Wir benötigen natürlich entsprechende Intraday-Kursdaten. Dann jedoch können Filter wie Boxgröße beliebig fein eingestellt werden. Point & Figure ist insbesondere auch bei Tradern im Devisenbereich beliebt.

- »Point & Figure hat keinen Zeithorizont. Den benötige ich aber.« Nun ja, selbstverständlich verläuft ein Point & Figure-Chart von links nach rechts – wie üblich. Richtig ist jedoch, dass im Fokus des Handelns das

Signal, die Bewertung der Chance und das Kursziel stehen. Eine äquidistante Zeitachse benötigt man hierfür nicht.

- »Point & Figure hat keine Volumenanzeige.« Das ist falsch. Sie können – je nach Chartsoftware – auch die Handelsvolumen anzeigen lassen und sie interpretieren. Dies ist möglich für das Volumen pro Impulsbewegung, aber auch beispielsweise für das horizontale Volumen (auch Marktprofil genannt), also für das Volumen pro Kursniveau. Für das Letztere eignet sich Point & Figure sogar hervorragend.

- »Point & Figure ist ein Handelssystem.« Zwar bietet die P&F-Methodik klare Regeln, doch geht es hier um ein analytisches Rahmenkonzept, das durch die vielfältigen Möglichkeiten der Parametrisierung für die Darstellung des Charts sehr flexibel ist. Ein Handelssystem erfordert präzise fixe Vorgaben. Aufgrund der klaren Muster- und Regelstruktur von P&F ist jedoch im professionellen Bereich die automatisierte Erkennung von Handelssignalen durchaus ein heißes Thema. Ebenso ist es möglich, die Erkennung von Trendlinien und die Erkennung und Berechnung von Kurszielen zu automatisieren – sofern die Software dies leistet.

- »Point & Figure hat keine Indikatoren.« Das ist falsch. Von gleitenden Durchschnitten bis Bollinger-Bändern lassen sich auch Indikatoren nutzen. Wir gehen kurz in Kapitel »Indikatoren bei Point & Figure« darauf ein.

1.3 Effektiv und effizient – ein Beispiel

Das Arbeiten mit Point & Figure ist effektiv und effizient. Warum?

Um dies beispielhaft zu beantworten, hier ein Auszug aus einer Tabelle, die der Autor wöchentlich aktualisiert und publiziert.

Jede Zeile beinhaltet einen Leitindex eines Landes. Nach den wöchentlichen Kursgewinnen oder Kursverlusten in den ersten Spalten folgen mit den Spaltenüberschriften »kurzfristig«, »mittelfristig« und »langfristig« weitere Informationen, die sich jeweils aus der Analyse eines Point & Figure-Charts ergeben.

Point & Figure Analysematrix Autor: Reinhard Scholl					Filter: (h/l 0,5%x3)		Kurzfristig (k)		Filter: (h/l 1%x3)		Mittelfristig (m)		Filter: (h/l 2%x3)		Langfristig (l)	
Datum	23.08.2013	Vorwoche	Letzter	Wochen-			Nächstes	Alternati			Nächstes	Alternativ			Nächstes	Alternativ
Land		Kurs	Kurs	ergebnis	Signal	Trend	Kursziel		Signal	Trend	Kursziel		Signal	Trend	Kursziel	
EU	EuroStoxx 50	2.854	2.826	-1,0%		↗	2.905	2.345	D	↗	2.890	2.590	!D	↗	2.810	2.170
D	DAX (Perf.)	8.392	8.417	0,3%		↗	8.665	7.800	D	↗	8.645	7.300		↗	9.400	6.330
	MDAX	14.763	14.839	0,5%	!D	↗↗	15.150	12.475	D	↗↗	17.000	12.620	D	↗↗	16.700	7.410
CH	SMI	7.961	8.007	0,6%		↗↗	8.710	6.300		↗↗	9.270	5.525		↗	18.800	5.510
I	FTSEMIB	17.678	17.342	-1,9%		↗	17.510	14.630		↗	18.780			↗	18.800	11.010
RUS	RDX	1.306	1.303	-0,3%		↘	1.245	1.470		↘	960	1.470		↘	960	2.005
etc	etc															
USA	DJI	15.081	15.011	-0,5%		↗↗	15.770	12.700		↗	16.800	10.655	D	↗↗	16.050	
	DJT	6.374	6.480	1,7%		↗	6.925	5.900		↗	9.080	5.470	D	↗↗	7.710	
	Nasdaq	3.603	3.658	1,5%		↗↗	3.695	2.880	D	↗↗	3.710	2.950	D	↗↗	3.710	
	S&P500	1.656	1.664	0,5%		↗↗	1.900	1.558		↗↗	1.795	1.360	!D	↗↗	1.745	
etc	etc															

	Signal (D= Double, T=Triple, C=Catapult, Tri=Triangle)		45 Grad Trendlinien (grün = Aufwärts, rot = Abwärtstrend)			
Legende		P&F Kauf/Verkaufs-Signale:	↗↗	über Trendlinien und interer Trendl	↘↘	unter interner T. und Trendlinien
	grün	bullische Signallage: zuletzt Kaufsignal	↗	klar über Trendlinie	↘	klar unter Trendlinie
	rot	bärische Signallage: zuletzt Verkaufssignal	↗	eng an der Trendlinie	↘	eng an der Trendlinie
	FETT grün oder r	Kauf oder Verkaufssignal ist noch aktiv, ohne Gegenbewegung				
	!	!: Ein Signal steht kurz bevor				
		Signalfarbe: Neues Trend/Trendwechsel oder neues Kauf-/Verkaufssignal gegenüber der Vorwoche				

Abbildung 2: Tabelle mit Kenndaten aus Point & Figure-Charts, Stand 23.8.2013

Effektiv

So kann beispielsweise die Frage nach der kurzfristigen Lage beim MDAX wie folgt abgelesen werden (Stand 23.8.2013): Der MDAX liegt kurzfristig (darunter verstehen wir auf Sicht von mehreren Wochen) im Aufwärtstrend. Tatsächlich liegt das Kursgeschehen sogar deutlich über der Trendlinie. Das nächste Kursziel liegt bei 15.150 Punkten. Ein neues, trendfolgendes Kaufsignal, basierend auf dem sogenannten Doppel-Top-Muster, ergibt sich, wenn der Kurs nur wenig über den letzten Wochenschlusskurs (14.839 Punkte) ansteigt.

Es ist äußerst effektiv, derartige Kernaussagen, welche die Point & Figure-Analyse bietet, in einer Tabelle zusammenzufassen. Zwar kann das zugehörige Chart noch mehr Informationen liefern, doch auf einen Blick in eine einzige Tabelle den wöchentlichen Stand der wichtigsten Weltmärkte mit verschiedenen Zeithorizonten zu erhalten ist schon sehr effektiv. Dies ist möglich, da durch wenige Aussagen des Point & Figure-Charts die Lage kompakt beschrieben werden kann.

Effizient

Für die wöchentliche Aktualisierung der gesamten Tabelle (hier ist nur ein Auszug dargestellt) müssen etwas 70 Charts aktualisiert und analysiert werden. Dies ist in wenigen Stunden möglich, da ein Point & Figure-Chart auf einen Blick viele Informationen liefert und durch die objektiven Regeln für Trendlinien, Muster und Kurszielbestimmung die Analysearbeit am Chart rasch zum Ergebnis führt.

1.4 Profitabilität

Auch die Frage nach der Profitabilität bei Anwendung einer Methode liegt auf der Hand. Eine beweisbare Antwort könnte letztlich nur ein automatisches Handelssystem mit genau definierten und nachvollziehbaren Parametern liefern. Ein dauerhaft funktionierendes, hoch profitables System wäre jedoch eine Gelddruckmaschine, quasi ein monetäres Perpetuum mobile.

Doch ist die Frage natürlich berechtigt. Die praktische Umsetzung von Prognosen erfordert – unabhängig von der verwendeten Methode – noch weitere Kenntnisse. Risiko- und Geldmanagement sowie die psychologischen Aspekte beim Handeln spielen eine große Rolle (vgl. Welz 2012). Doch gerade hier kann Point & Figure als methodisches Rahmenkonzept für Klarheit sorgen und essenzielle Fakten für die eigene Entscheidung liefern.

Studien zur Profitabilität von Point & Figure werden beispielsweise bei Kirkpatrick/Dahlquist (2010) aufgeführt, und Zieg/Weber (2003) widmen dem Thema ein eigenes Kapitel. Allgemein sind selbst korrekt durchgeführte Studien mit Vorsicht zu interpretieren, wenn sie sich nicht auf das aktuelle Kursgeschehen von heute und auf Ihren persönlichen Handelsansatz beziehen.

In jedem Fall werden wir in diesem Buch durch die Anwendung von Handelsregeln, aber auch durch das tiefere Verständnis für starke Signale und starke Ausgangssituationen lernen, den Erfolg zu erhöhen. Wenn wir auf dem Weg zum Ziel dabei noch Freude haben können, umso besser.

2. Point & Figure-Darstellung

2.1 Kapitelstruktur

Ein wichtiger Hinweis vorab: Die genauen und formalisierten Abläufe der verschiedenen Konstruktionsvarianten für die Point & Figure-Darstellung findet der interessierte Leser im Anhang »Point & Figure-Algorithmen«.

Wir betrachten in diesem Kapitel zunächst die Entstehung von Point & Figure-Charts und wenden uns danach der heutigen Konstruktionsweise zu. Verschiedene Parameter beeinflussen die Darstellung. Sie zu kennen ist der Schlüssel zur effektiven Nutzung von Point & Figure.

Weiterhin ist es praxisrelevant, zu verstehen, welche Auswirkungen die zur Verfügung stehenden Kursdaten haben und wie wir daraus das optimale Ergebnis erzielen.

Ein konkreter Setup-Vorschlag sowohl für den längerfristigen Investor wie auch für den kurzfristigen Trader wird anschließend vorgestellt.

»East meets West«: Zwar wurde die Point & Figure-Methode vor über 100 Jahren in den USA entwickelt, doch erwähnenswert ist es, dass parallel hierzu verwandte Ansätze in Japan ebenfalls vor über 100 Jahren ihren Ursprung haben.

2.2 Zusammenfassung

Eine Aufwärtsbewegung wird durch eine Säule mit X-Symbolen dargestellt. Eine Abwärtsbewegung wird durch eine Säule mit O-Symbolen dargestellt. Eine Box steht für ein Kursdatenintervall. Die Boxgröße definiert die Größe des Intervalls. Umkehr (engl. reversal) bezeichnet den Wechsel von einer X-Säule (= Aufwärtsbewegung) zu einer O-Säule (= Abwärtsbewegung) – oder umgekehrt. Immer wenn sich der Bewegungsimpuls »ausreichend« erschöpft – also eine Gegenbewegung stattfindet –, wird eine neue Säule gezeichnet. Die minimale Gegenbewegung ist die 1-Box-Umkehr. Bei der 1-Box-Umkehr muss sich die Bewegung erschöpfen und um mindestens eine Boxgröße in die Gegenrichtung laufen.

Die Einstellungen der Parameter Boxgröße und Umkehr bestimmen maßgeblich das Erscheinungsbild eines Point & Figure-Charts. Diese Parameter werden treffenderweise auch als Filter bezeichnet, da das Kursgeschehen zum einen auf die Boxgröße reduziert wird und zum anderen kleine Gegenbewegungen durch die Umkehr herausgefiltert werden. Stellen Sie sich die Umkehr als strategischen Parameter vor. Die Strategie ändern wir nicht ständig. Die Boxgröße ist der taktische Parameter, um das Chart in Auflösungen zu betrachten, die wir beispielsweise als »kurzfristig«, »mittelfristig« oder »langfristig« einstufen können.

Die 3-Box-Umkehr ist von zentraler Bedeutung. Sie wird sehr häufig verwendet, denn es gibt hierzu das umfangreichste methodische Regelwerk.

Der Wertebereich einer Box hängt davon ab, ob es sich um eine Aufwärtsbewegung X oder eine Abwärtsbewegung O handelt. Eine X-Box steht für Kursdaten größer oder gleich der Boxbezeichnung. Eine O-Box steht für Kursdaten kleiner oder gleich der Boxbezeichnung.

Ein korrektes 1-Box-Umkehr-Chart benutzt die One-Step-Back-Regel. Säulen bestehen so immer aus mindestens zwei Boxen, auch gemischte O-/X-Symbole sind hier ausnahmsweise möglich.

Die Konstruktion kann sowohl mit Schlusskursen als auch mit Höchst-/Tiefstkursen einer Zeitperiode durchgeführt werden. Die High-Low-Trendfolge-Methode ist das am häufigsten verwendete Verfahren neben der Schlusskurs-Methode.

Im Vergleich zum P&F-Chart mit Schlusskursen zeigt ein High-Low-Trendfolge-Chart deutlich mehr Information (bei ansonsten gleichen Einstellungen). Insbesondere wenn wir keinen Zugriff auf Intraday-Kursdaten haben, sollte bei kleineren Zeiträumen daher immer eine Methode ausgewählt werden, welche die Höchst- und Tiefstkurse berücksichtigt.

Die Angabe der Boxgröße kann in absoluten Zahlen oder als relative Zahl in Prozent erfolgen. Allgemein ist die Angabe in Prozent – dies entspricht einer logarithmischen Preisachse – für die Kursdarstellung empfehlenswert.

Einführungs-Chart

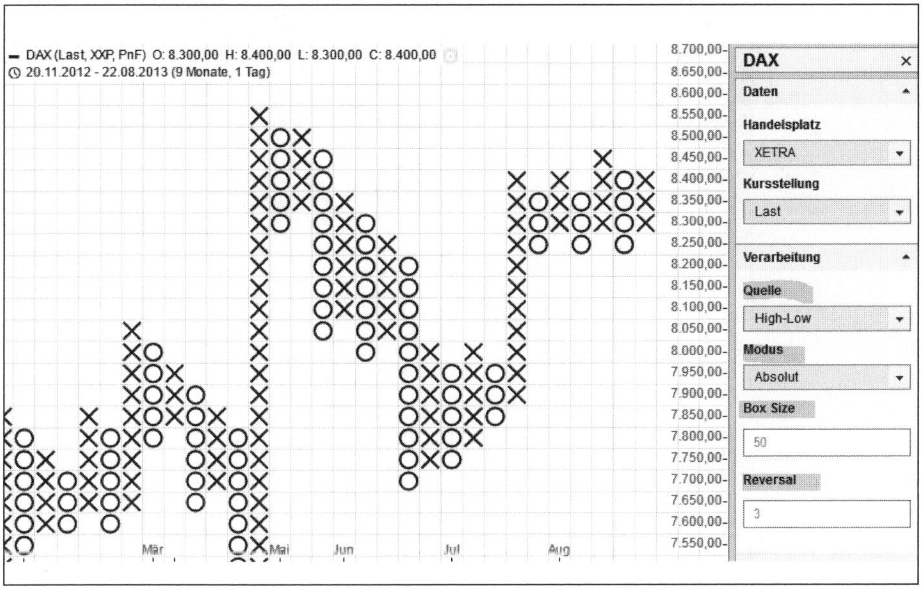

Abbildung 3: DAX bis 22.8.2013 mit Boxgröße 50 Punkte (absolut), Umkehr 3, Tagesdaten, High-Low-Trendfolge

2.3 Eine kurze Historie

Der Ursprungsgedanke, aus dem die Point & Figure-Darstellung entstand, war die Suche nach einer effizienten Methode für die Aufzeichnung der Kursdaten. Ohne die heutige allgegenwärtige Computer- und IT-Infrastruktur mussten alle Daten von Hand gesammelt und organisiert werden. Auch wenn das damalige Datenuniversum nicht die heutige Vielfalt an Finanzinstrumenten kannte, so war dies dennoch eine mühsame und zeitintensive Arbeit.

Wir befinden uns in den Handelssälen der USA zu Beginn des vorigen Jahrhunderts. Kursdaten wurden sequenziell über einen Ticker geliefert. Die minimale Kursveränderung wurde zumeist mit einer minimalen Abstufung von 1/8 Dollar gehandelt.

Abbildung 4: Börsenticker der Western Union Telegraph Company. USA, Ende 19. Jahrhundert (Quelle: Don DeBold, CC-BY 2.0, www.flickr.com donjd2)

Beispiel: Tickdaten (= Kursdaten jeder einzelnen Transaktion). Der Einfachheit halber betrachten wir im Folgenden Kursdaten mit einer Dezimal-Nachkommastelle statt 1/8-Abstufungen:

Sequenz A:

59,5 – 59,1 – 60,0 60,0 – 60,0 – 60,5 – 60,8 – 61,8 – 60,8 – 60,2 – 60,0 – 59,5 – 58,8 – 59,6 – 59,8 – 60,0 – 61,0 – 63,9 – 60,0 – 59,8 – 59,5 – 59,0 – 57,9 ...

Dieser endlose sequenzielle Zahlenstrom kann nur schwer interpretiert und verarbeitet werden. Eine Option wäre, zunächst die Nachkommastellen wegzulassen oder zu runden – falls uns dies ausreicht, um einen Überblick zu gewinnen. Wir erhalten durch das Entfernen der Nachkommastellen die folgende Sequenz:

59 – 59 – 60 – 60 – 60 – 60 – 61 – 60 – 60 – 60 – 60 – 59 – 58 – 59 – 59 – 60 – 61 – 63 – 60 – 59 – 59 – 59 – 57 ...

Weiterhin könnten sich wiederholende Kurse entfernt werden:

59 – 60 – 61 – 60 – 59 – 58 – 59 – 60 – 61 – 63 – 60 – 59 – 57 ...

Die zentrale Konzeptidee besteht darin, diese Kurssequenz auf einem karierten Blatt Papier aufzuschreiben, und zwar in Spalten. Eine Spalte wird dabei so lange fortgeführt, bis sich die Kursrichtung umdreht.

63							
63				**63**			
62				**62**			
61		**61**		**61**			
60		**60**	**60**	**60**	**60**		
59		**59**	**59**	**59**	**59**		
58			**58**		**58**		
57					**57**		

Abbildung 5: Figure-Chart mit Kursen auf einen »Punkt« reduziert

Die einzige Optimierung, die uns noch zum sogenannten *Figure-Chart* (Abbildung 5) fehlt, ist, die Kurssprünge über mehrere Kästchen hinweg aufzufüllen. Beispielsweise sprang der Kurs von 61 direkt zum Kästchen 63. Optisch füllen wir diese Lücke auf, indem wir die 62 in der Spalte hinzufügen.

Ebenso wird in der letzten Spalte die 58 hinzugefügt, als der Kurs von 59 auf 57 fiel.

Derartige Charts wurden bereits zu Beginn des 20. Jahrhunderts gezeichnet. Richard Wyckoff bezeichnete diesen Diagrammtyp im Jahre 1910 als »Figure-Chart« (Wyckoff 1910).

Weiterhin haben wir das Kursgeschehen auf Kästchen der Größe »ein Punkt« reduziert. Wobei ein »Punkt« für eine Einheit in der lokalen Währung – hier US-Dollar – steht. Es handelt sich um ein *One Point Figure Chart.*

Das Ausschreiben der Kurszahlen in den Kästchen ist eigentlich nicht notwendig. Es genügt, ein Häkchen oder ein Kreuzchen einzufügen. Wir folgen ab sofort der Point & Figure-Terminologie und bezeichnen ein Kästchen als »Box«. Der Wertebereich, den eine Box repräsentiert, kann an der vertikalen Preisachse abgelesen werden. Auch für Charts mit Kreuzchen oder Häkchen innerhalb einer Box finden sich historische Dokumente, die noch vor 1900 datieren.

Der Name »Point & Figure-Chart« wurde weiter gefestigt, als 1933 das Buch von Victor de Villiers mit dem Titel *The Point and Figure Method of Anticipating Common Stock Price Movements* erschien (deVilliers1933).

Die heutige vorherrschende Darstellungsform der Point & Figure-Charts geht wesentlich auf das 1947 publizierte Werk von Abe W. Cohen zurück (Cohen 1947), ebenso wie viele weitere wichtige methodische Konzepte, die wir zur Analyse und zum Handeln verwenden und in den Folgekapiteln kennenlernen werden.

Wer sich noch genauer für die Historie interessiert, der sei auf das englischsprachige Buch von Jeremy du Plessis (du Plessis 2012) verwiesen.

2.4 Grundlagen der Point & Figure-Darstellung

Die Historie führt uns direkt zu einigen grundlegenden Begriffen und Definitionen. Da die Methode in den USA erfunden wurde und da Englisch als Weltsprache dominant ist, empfiehlt es sich, die wichtigen Schlüsselbegriffe sowohl auf Deutsch als auch auf Englisch zu kennen. Im Kapitel 9 (»Glossar«)

werden pragmatisch die üblichen Übersetzungen sowie synonym verwandte Bezeichnungen aufgeführt.

2.4.1 Grundlegende Begriffe

- Eine **Aufwärtsbewegung** wird durch eine Säule mit X-Symbolen dargestellt: X-Säule.
- Eine **Abwärtsbewegung** wird durch eine Säule mit O-Symbolen dargestellt: O-Säule.

Anmerkung: Wir sprechen hier von den Buchstaben X (»iks«) und O (»oh«) und nicht von »Kreuzen« und »Nullen«.

- Eine **Box** (Kästchen, Punkt, engl. box) steht für ein Kursdatenintervall. Die Boxgröße (engl. box size) definiert die Größe des Intervalls.
- **Umkehr** (engl. reversal) bezeichnet den Wechsel von einer X-Säule (=Aufwärtsbewegung) zu einer O-Säule (=Abwärtsbewegung) - oder umgekehrt.

Immer wenn sich der Bewegungsimpuls »ausreichend« erschöpft – also eine Gegenbewegung stattfindet –, wird eine neue Säule (engl. column) gezeichnet.

- Die minimale Gegenbewegung ist die **1-Box-Umkehr**. Bei der 1-Box-Umkehr muss sich die Bewegung um mehr als eine Box erschöpfen. Sie muss also mindestens eine Box in die Gegenrichtung laufen. Daher gilt:

Regel

Es ist nicht möglich, dass an einem Wendepunkt – also dem Endpunkt einer Säule – ein X und ein O auf gleicher Höhe nebeneinander stehen.

Die Umkehrgröße R kann auch eine andere ganze Zahl größer als 1 sein. In diesem Fall wird der Trend erst dann gebrochen, wenn eine Gegenbewegung um mehr als R Boxen entstanden ist.

In der Praxis vorkommende übliche Umkehrgrößen sind 1, 2, 3 und 5.

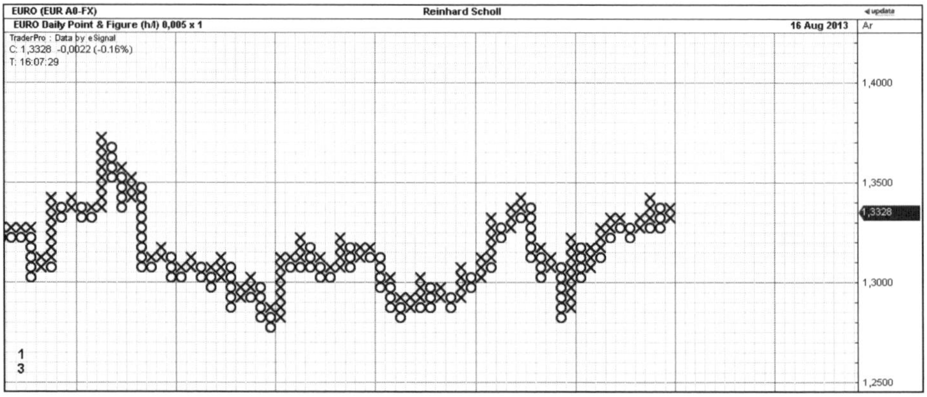

Abbildung 6: Point & Figure-Chart: Euro zu US-Dollar, 1.1.2013 bis 16.08.2013. Boxgröße 0,005 (0,5 cents oder 50 pips) und Umkehr = 1

Je größer die Umkehr, desto kompakter das sich ergebende Chart (bei unveränderter Boxgröße).

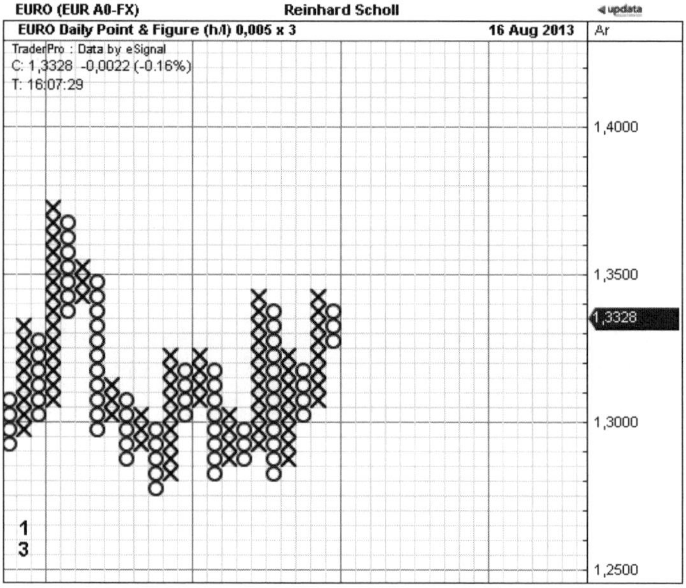

Abbildung 7: Dieselben Kursdaten wie bei Abbildung 6, jedoch mit Umkehr = 3

Beide Point & Figure-Charts zeigen denselben Zeitraum des Devisenpaares Euro zu US-Dollar und dieselbe Boxgröße. Dadurch, dass bei einer 3-Box-Umkehr kleine Gegenbewegungen nicht zur Trendumkehr führen, zieht sich das Chart deutlich zusammen.

Die Einstellungen der Parameter Boxgröße und Umkehr bestimmen maßgeblich das Erscheinungsbild eines Point & Figure-Charts. Diese Parameter werden treffenderweise auch als Filter bezeichnet, da das Kursgeschehen zum einen auf die Boxgröße reduziert wird und zum anderen kleine Gegenbewegungen durch die Umkehr herausgefiltert werden.

Als Ergebnis erhalten wir ein kompaktes und aussagekräftiges Chart. Gleichwohl haben wir jederzeit die Kontrolle über die gewünschte »Auflösung« der Kursdaten.

Analogie: Bei Linien- oder Kerzencharts wird oft die Einstellung des Zeitraums dazu verwendet, die »Auflösung« des Diagramms maßgeblich zu bestimmen. Beispiel: Bei einem 10-Jahres-Chart sind Kursbewegungen im 5-Minuten-Bereich zeichnerisch nicht mehr darstellbar. Konsequenterweise wählt man dann praxisgerecht Wochenschlusskurse oder auch Monatsschlusskurse als Datenbasis für das 10-Jahres-Chart.

Bei einem Intraday-Chart wird hingegen die Auflösung dadurch erhöht, dass wir auch nur den Zeitraum »ein Tag« betrachten und als Datenbasis beispielsweise 1-Minuten-Kursdaten nutzen.

Bei einem Point & Figure-Chart bestimmt hauptsächlich die Boxgröße darüber, wie fein oder grob wir in das Kursgeschehen eintauchen. Sekundär verwenden wir die Umkehrgröße. Es empfiehlt sich jedoch, die gewählte Umkehrgröße festzuhalten und im Vergleich mehrere Charts mit unterschiedlicher Boxgröße zu betrachten.

Stellen Sie sich die Umkehr als strategischen Parameter vor. Die Strategie ändern wir nicht ständig. Die Boxgröße ist hingegen der taktische Parameter, um das Chart in Auflösungen zu betrachten, die wir als »kurz-«, »mittel-« oder »langfristig« einstufen können.

Wir gehen darauf später noch ausführlich ein.

Die 3-Box-Umkehr ist von zentraler Bedeutung. Sie wird sehr häufig verwendet, denn es gibt hierzu das umfangreichste methodische Regelwerk.

Wir werden in den Folgekapiteln in der Regel mit der 3-Box-Umkehr arbeiten.

Korrektes Interpretieren einer Box

Eine Box mit der Bezeichnung B projiziert alle Kurse eines bestimmten Wertebereiches auf B. Man kann auch sagen, eine Box mit der Bezeichnung B repräsentiert alle Kurse eines bestimmten Wertebereiches.

Regel

Der Wertebereich einer Box hängt davon ab, ob es sich um eine Aufwärtsbewegung X oder eine Abwärtsbewegung O handelt. Eine X-Box steht für Kursdaten größer oder gleich der Boxbezeichnung. Eine O-Box steht für Kursdaten kleiner oder gleich der Boxbezeichnung.

Beispiel: Boxbezeichnung B = 58; Boxsize S = 1,0 (absolut); Annahme: Die Kursdaten D werden auf zwei Nachkommastellen genau gehandelt (z.B. in Euro, die Währung spielt aber für die Konstruktion keine Rolle).

WENN Boxtyp=X, DANN gilt D [58,00..59,00]

Für eine X-Säule (Aufwärtsbewegung) gilt: Alle Kursdaten innerhalb des halb offenen Intervalls (58,00..59,00) werden auf die Box »58« projiziert. Der Wert 59,00 (Euro) gehört nicht mehr dazu, er gehört zur Box »59«.

Die X-Box steht also für Kursdaten größer oder gleich 58,00, aber kleiner als 59,00.

WENN Boxtyp=0, DANN gilt D [57,00..58,00]

Für eine 0-Säule (Abwärtsbewegung) gilt: Alle Kursdaten innerhalb des halb offenen Intervalls (57,00..58,00) werden auf die Box »58« projiziert. Der Wert 57,00 (Euro) gehört nicht mehr dazu, er gehört zur Box »57«.

Die 0-Box steht also für Kursdaten kleiner oder gleich 58,00, aber größer als 57,00.

Es handelt sich um eine asymmetrische Definition: Die Kursdatenbereiche für Boxen, die auf gleicher Höhe im Chart eingezeichnet sind, hängen davon ab, ob es sich um eine Aufwärtsbewegung (X) oder eine Abwärtsbewegung (0) handelt.

Eine eventuell nützliche Hilfsvorstellung hierzu: Man schaut quasi immer in die Trendrichtung. Bei X-Säulen schaut man in Richtung größerer Werte nach oben – bei O-Säulen schaut man in Richtung kleinerer Werte nach unten.

Zwar übernimmt die Software das Zeichnen der Charts, doch um genauer zu verstehen, wann ein X oder ein O erzeugt wird und wie genau die Kursdaten gefiltert werden, empfiehlt es sich, als Übung von Hand ein kleines P&F-Chart zu zeichnen.

1-Box-Konstruktion

Führen wir ein Beispiel durch mit der gleichen Datensequenz aus dem vorigen Kapitel über die Historie von P&F.

Sequenz A:

59,5 – 59,1 – 60,0– 60,0 – 60,0 – 60,5 – 60,8 – 61,8 – 60,8 – 60,2 – 60,0 – 59,5 – 58,8 – 59,6 – 59,8 – 60,0 – 61,0 – 63,9 – 60,0 – 59,8 – 59,5 – 59,0 – 57,9 ....

Die Boxgröße sei 1. Die Umkehr sei 1.

63							
63				X			
62				X	O		
61		X		X	O		
60		X	O	X	O		
59		X	O		O		
58					O		
57							

Abbildung 8: Konstruktion aus der Kursdatensequenz A eines Point & Figure-Charts mit Boxgröße 1 und Umkehr = 1

Das Chart ähnelt dem vorigen »Figure-Chart« aus Abbildung 5, doch es gibt auch einige Unterschiede.

Gehen wir die Konstruktion Schritt für Schritt durch.

59,5 – der erste Kurs. Wir können noch nicht entscheiden, ob es eine 60er-O-Box wird (denn die 60er-O-Box steht für Kurse kleiner gleich 60) oder eine 59er-X-Box (die für Kurse größer oder gleich 59 steht). Beides wäre möglich. Entscheidend wird die zweite zu zeichnende Box sein, wie wir gleich sehen werden.

59,1 – der zweite Kurs. Dieser führt zu keiner Änderung. Erst ein Kurs >=60 oder ein Kurs <= 59,0 bringt die Entscheidung.

60,0 – das Kursgeschehen läuft nach oben über die 60. Wir können nun die X-Boxen 59 und 60 einzeichnen.

Die folgenden Kursdaten 60,0 und 60,0 ändern das Chart nicht. Auch der folgende Kurs 60,5 gehört in die aktuelle 60er-X-Box. Erst der nächste Kurs 61,8 liegt über der oberen Intervallgrenze der 60er-Box, und wir zeichnen ein X bei 61 ein.

Die folgenden Kursdaten führen zur Umkehr. Jedoch reicht der Rücksetzer auf 60,8 nicht aus. Er wäre innerhalb einer 60-er O-Box. Doch die Regel besagt: Es ist nicht möglich, dass eine Umkehrbox auf gleicher Höhe wie die letzte X-Box liegt. Zur Umkehr ist also ein Kurs kleiner oder gleich 60,0 notwendig.

Warum ist dies so? Stellen Sie sich vor, es wäre erlaubt, dass bei einer Umkehr die neue O-Säule auf gleicher Höhe wie die X-Säule beginnt. In unserem Beispiel wäre ein Wechsel von Kursen über 61 auf unter 61 ausreichend. Eine Kurssequenz wie zum Beispiel 61,01 – 60,99 – 61,01 – 60,99 – 61,01 – 60,99 würde einen ständigen Wechsel zwischen Aufwärtsbewegung und Abwärtsbewegung bewirken, obwohl sich das Kursgeschehen nur marginal bewegt hat. Dies widerspricht dem Konzept von Point & Figure. Das Regelwerk verlangt daher mindestens eine Kursbewegung von einer Boxgröße. In unserem Beispiel also von 61,xx auf 60,00 oder kleiner. Daher auch der Name 1-Box-Umkehr (engl. one box reversal).

Auch der Kurs 60,2 bewirkt noch keine Umkehr. Der nächste Kurs 60,0 hingegen schon. Wir zeichnen eine 60er-O-Box ein, die einen Kurs zwischen 59,01 und 60,00 repräsentiert.

Der folgende Wert 59,5 fällt ebenso in die 60er-O-Box. Bei 58,8 zeichnen wir eine neue 59er-O-Box ein. Mit den wieder ansteigenden Werten 59,6 und 59,8 ergibt sich noch keine Umkehr. Die Umkehr erfolgt erst, wenn wir eine X-Box über – und nicht neben – der O-Box einzeichnen können.

Die nächste Umkehr in X-Richtung ergibt sich daher erst durch den Kurs 60,0. Ein X bei 60 wird eingezeichnet. 61,0 führt zu einer weiteren X-Box bei 61. Was passiert nun im Falle des Kurssprungs auf 63,9? Wir lassen keine leeren Kästchen in einer Säule zu:

Regel

Es gibt keine Kurslücken (engl. gaps). Die Boxen werden gefüllt.

Daher wird nicht nur bei 63 ein X eingezeichnet, sondern auch bei 62. Die gesamte Strecke wird also gefüllt. In der Praxis kommen Kurssprünge durchaus häufig vor, wenn der Eröffnungskurs an einem Tag vom Schlusskurs des Vortages deutlich abweicht. Anlass wären Ereignisse, die nachbörslich bekannt wurden, wie beispielsweise Quartalszahlen bei einer Aktiengesellschaft.

Die folgenden Kursdaten führen erneut zu einem Wechsel, und die finale O-Säule läuft bis zur 58er-Box.

One-Step-Back bei 1-Box-Konstruktion

Es gibt nun jedoch eine Besonderheit bei der 1-Box-Konstruktion. Wird ein Chart nach obigen Prinzipien aufgebaut, so wären Säulen, die nur aus einer Box bestehen, möglich. Bereits in den historischen Anfängen der Point & Figure-Darstellung wurde deutlich, dass die Analyse und Interpretation erleichtert wird, wenn Säulen, die nur aus einer Box bestehen, vermieden werden.

In unserem Konstruktionsbeispiel wurde dies nicht augenfällig. Jedoch die Gegenüberstellung der folgenden 1-Box-Charts zeigt deutlich, worum es geht.

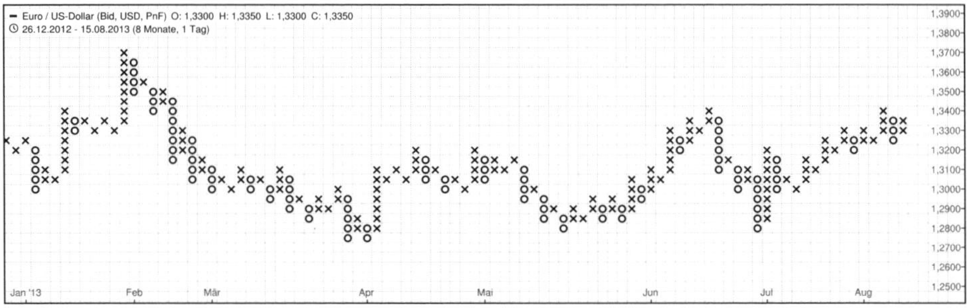

Abbildung 9: Fehlerhafte Point & Figure-Chart: Euro zu US-Dollar, 1.1.2013 bis 16.08.2013, Boxgröße 0,005 (0,5 cents oder 50 pips) und Umkehr = 1

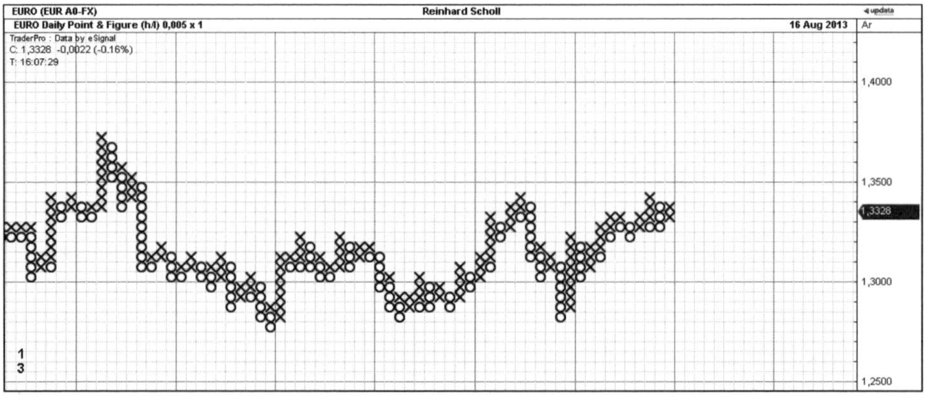

Abbildung 10: Korrekte Point & Figure-Chart mit One-Step-Back: Euro zu US-Dollar, 1.1.2013 bis 16.08.2013, Boxgröße 0,005 (0,5 cents oder 50 pips) und Umkehr = 1

Sowohl Kursformationen, Trendlinien als auch Kurszielbestimmung sind von besserer Qualität, wenn man die »One-Step-Back« Methode anwendet. Abbildung 9 zeigt eine falsche 1-Box-Darstellung.

Wie funktioniert nun One-Step-Back? Es muss nur eine Regel bei der Konstruktion zusätzlich beachtet werden:

Regel

Wenn eine Kursumkehr erfolgt und die aktuelle Säule aus nur einer Box besteht, dann beginnt man keine neue Säule, sondern zeichnet die Box in derselben Säule.

Statt eine neue Säule zu beginnen, gehen wir einen Schritt zurück (engl. one step back).

Beispiel: Bei einer Säule mit nur einer O-Box kommt es zu einer ausreichend großen neuen Aufwärtsbewegung. Für die neue X-Box wird jedoch keine neue Säule aufgebaut, sondern das X wird über die O-Box in derselben Säule eingezeichnet. Weiterhin gilt: Sollte sich die Aufwärtsbewegung fortsetzen, so werden auch die nächsten X-Boxen in derselben Säule eingezeichnet.

Es ergeben sich dadurch gemischte X- und O-Säulen. Dies ist jedoch nur bei der 1-Box-Konstruktion möglich.

Hinweis: Gelegentlich werden 1-Box-Point & Figure-Charts nur mit X-Symbolen gezeichnet, und auf die optische Unterscheidung zwischen O und X wird verzichtet.

Bei Umkehrgrößen größer als 1 besteht sowieso jede Säule aus zwei oder mehr Boxen. Daher gibt es hier kein One-Step-Back.

3-Box-Konstruktion

Was geschieht nun, wenn wir eine andere Umkehrgröße wählen? Die Konstruktion verläuft mit einem Unterschied genauso, wie wir es vom vorigen Unterkapitel kennen.

Der Unterschied bezieht sich auf die verlangte Gegenbewegung im Falle einer Umkehr. Bei der 1-Box-Umkehr haben wir mindestens eine Kursbewegung von einer Box in die Gegenrichtung verlangt. Bei einer Umkehrgröße 3 wird der Trend erst dann gebrochen, wenn eine Gegenbewegung von mindestens drei Boxen entstanden ist.

Betrachten wir die Sequenz A erneut:

59,5 – 59,1 – 60,0– 60,0 – 60,0 – 60,5 – 60,8 – 61,8 – 60,8 – 60,2 – 60,0 – 59,5 – 58,8 – 59,6 – 59,8 – 60,0 – 61,0 – 63,9 – 60,0 – 59,8 – 59,5 – 59,0 – 57,9 ....

Die ersten Kursdaten laufen von 59,5 bis 61,8 nach oben. Wir können daher drei X-Boxen in Folge einzeichnen. Die erste Säule besteht nun – wie bei der 1-Box Konstruktion zuvor – aus den X-Boxen bei 59, 60 und 61. Die folgende Gegenbewegung erreicht im Tief 58,8. Wir können uns gedanklich zwar

O-Boxen bei 60 und 59 notieren. Doch erst wenn der Kurs auf 58,00 oder tiefer fallen würde, wäre eine 3er-Sequenz von O-Boxen vollständig, und ein Trendwechsel wäre einzuzeichnen. Dies geschieht jedoch nicht, sondern der Kurs läuft wieder nach oben. In der Spitze bis zu 63,9. Daher wird die X-Säule um die X-Boxen 62 und 63 verlängert.

Der nächste Kurs nach 63,9 ist 60,0. Dies genügt für eine 3-er-Umkehr. Wir beginnen eine neue Spalte und zeichnen bei 62, 61 und 60 eine O-Box ein. Die O-Box bei 60 steht für Kurse kleiner oder gleich 60,00, aber größer als 59,00. Die Boxen 61 und 62 werden eingezeichnet, da bei einem Kurssprung die gesamte Strecke gefüllt wird. Zudem wird so visuell deutlich, dass eine 3er-O-Boxsequenz entstanden ist, welche die Trendumkehr bewirkte.

Die letzten Kursdaten führen schließlich zur Verlängerung der O-Säule bis zur 58er-Box.

63							
63		**X**					
62		**X**	**O**				
61		**X**	**O**				
60		**X**	**O**				
59		**X**	**O**				
58			**O**				
57							

Abbildung 11: Konstruktion eines Point & Figure-Charts mit Boxgröße 1 und Umkehr = 3 aus der Kursdatensequenz A

2.5 Die wichtige Frage der Datenquelle

Bisher sind wir von der idealen Annahme ausgegangen, dass jede einzelne Transaktion in Form von Tick-Daten in die Charterstellung einfließt. Das Chart wird mit jedem neuen Tick-Datensatz aktualisiert. Dies ist die historisch korrekte Methode für Point & Figure-Charts.

Jedoch in der heutigen Praxis ist das unrealistisch aufgrund des enorm hohen Datenaufkommens bei liquiden Werten (wie Devisen, Indizes etc.). Und teilweise auch unnötig. Denn Kursbewegungen im Sekundenbereich interessieren möglicherweise den Trader im kurzfristigen Handel, aber die Historie der Kursbewegung in einem 10-Jahres-Chart muss sicher nicht im Sekundenbereich erfolgen. Millionen von Datensätzen würden keine erkennbare Veränderung im Chart bewirken.

Schließlich ist dies auch eine finanzielle Frage. Es müssten auch Datenanbieter für langfristige Tick-Daten gefunden werden. Die Kosten könnten dabei signifikant bis exorbitant sein.

Das übergeordnete Ziel ist daher, das »Beste« aus den vorhandenen Kursdaten zu machen.

In aller Regel werden Kursdaten bereits gefiltert geliefert: Nicht jede einzelne Transaktion an jedem Handelsplatz wird erfasst und grafisch aufbereitet, sondern die Ausgangsbasis sind Eröffnungskurs (open), Höchstkurs (high), Tiefstkurs (low) und Schlusskurs (close) einer Zeitperiode eines Handelplatzes. Die Kurzform hierfür lautet OHLC-Daten.

Der langfristige Investor nutzt zumeist OHLC-Daten von Tagen. Praxisnäher für den Trader wären beispielsweise Zusammenfassungen des Kursgeschehens in Form von 5-Minuten- oder 1-Minuten-OHLC-Datensätzen.

Die Schlusskurs-Methode

Die Konstruktion der Point & Figure-Charts läuft bei der **Schlusskurs-Methode** (engl. **close** oder close only) genauso ab wie bei der gezeigten Konstruktion mit Tick-Daten. Das Verfahren mit Schlusskursen wird häufig angewendet.

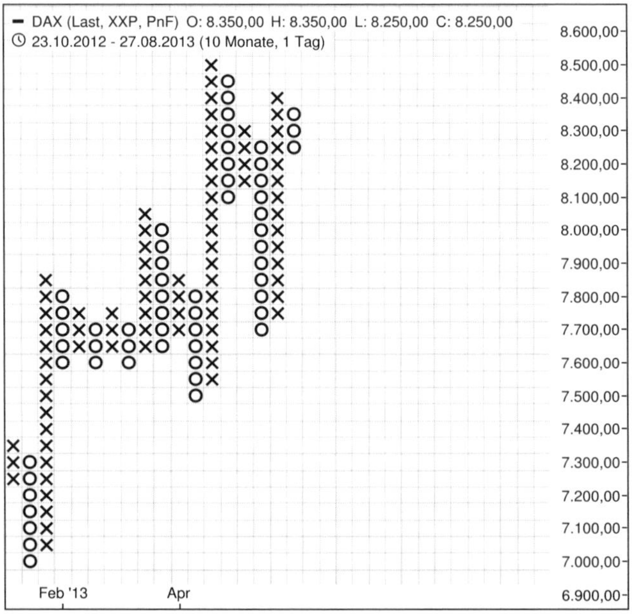

Abbildung 12: DAX, WKN 846900, Xetra-Daten, Jahresbeginn 2013 bis 27.08.2013, Boxgröße 50 Punkte, Umkehr 3, Tagesdaten, Schlusskurse

Betrachtet man in der nächsten Abbildung dasselbe Chart mit Stunden-Kursdaten – ebenfalls nur unter Verwendung der jeweiligen Stunden-Schlusskurse –, so zeigt sich, wie viel Information zuvor verloren ging. Man betrachte insbesondere die letzte X-Säule.

Die gesamte letzte X-Säule, aus Tageschlusskursen berechnet, nimmt mit Stundendaten bereits die rechte Hälfte des Charts ein. Es ist nun zu erkennen, wie die Bodenbildung zwischen 7.600 bis 8.000 Punkten verlief und der Ausbruch mit einem klaren Signal erfolgte (zu Mustern und Signalen kommen wir im Folgekapitel). Ebenso erkennen wir, dass der Aufwärtstrend zuletzt pausierte. Die letzten Säulen zeigen im Stundenchart ein Auf und Ab zwischen rund 8.200 und 8.450 Punkten. All dies war bei der Abbildung zuvor unter ausschließlicher Verwendung von Tagesschlusskursen nicht ersichtlich.

Was aber, wenn der Anwender keinen Zugriff auf Kursdaten hat, die feiner aufgelöst sind als Tageskurse? Wir können die OHLC-Daten noch besser ausnutzen.

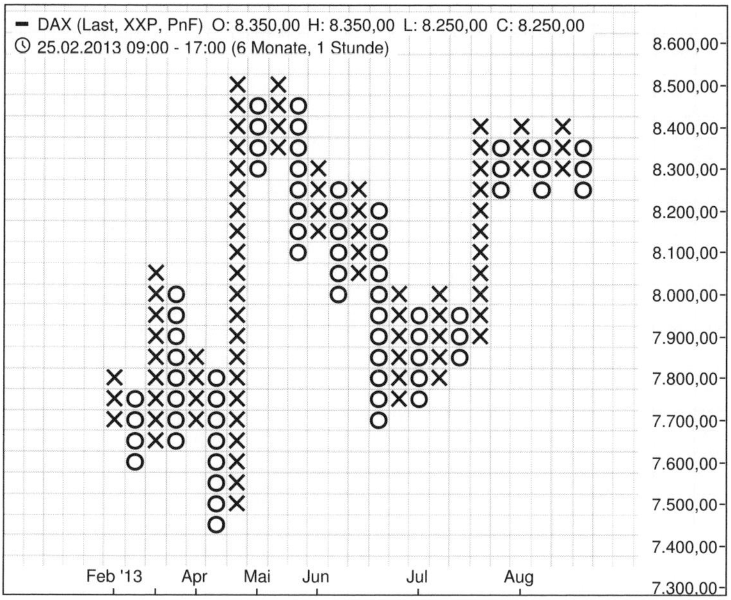

Abbildung 13: DAX, WKN 846900, Xetra-Daten, 27.02.2013 bis 27.08.2013, Boxgröße 50 Punkte, Umkehr 3, Stundendaten, Schlusskurse

Die High-Low-Trendfolge-Methode

Die High-Low-Trendfolge-Methode (engl. **high/low**) ist das am meisten verwendete Verfahren neben der Schlusskurs-Methode.

Höchst- und Tiefstkurse in einer Zeitperiode (beispielsweise Tagesdaten) könnten deutlich vom Schlusskurs abweichen. Da die Höchst- und Tiefstkurse auch tatsächlich gehandelt werden, liegt es auf der Hand, diese Kursdaten auch für die Point & Figure-Konstruktion heranzuziehen. Es stellt sich insbesondere die Frage, wann das Hoch und wann das Tief der Zeitperiode zu verwenden ist. Ende der 1940er-Jahre wurde auch ein entsprechendes Verfahren vorgeschlagen. Die genaue Vorgehensweise wurde von Abe Cohen (Cohen 1947) festgelegt.

Es wird **entweder** das Hoch **oder** das Tief verwendet. Dabei wird immer zuerst das Extremum in Trendrichtung ausgewertet. Bei einer X-Säule wird der Höchstkurs zuerst betrachtet. Bei einer O-Säule wird zuerst der Tiefstkurs betrachtet. Führt dies zu einer oder mehreren neuen Boxen in Trendrichtung, so wird die Gegenbewegung ignoriert – selbst wenn diese zu einer anschließenden Trendumkehr führen würde.

Im Englischen wird die Methode schlicht »high/low« genannt. Eine treffendere Bezeichnung wäre wohl »High-oder-Low«- Methode oder »High-Low-Trendfolge«-Methode.

Im Vergleich zum P&F-Chart mit Schlusskursen zeigt ein High-Low-Trendfolge-P&F-Chart deutlich mehr Information (bei ansonsten gleichen Einstellungen).

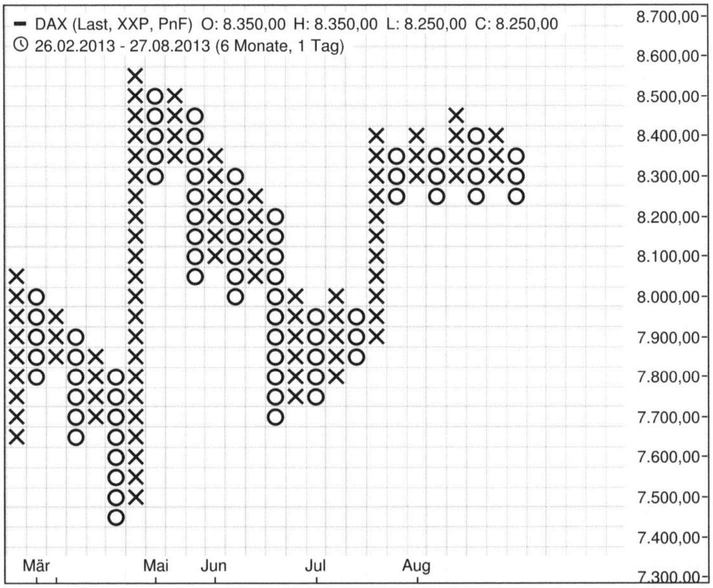

Abbildung 14: DAX WKN 846900, Xetra-Daten, Jahresbeginn 2013 bis 16.08.2013, Boxgröße 50 Punkte, Umkehr 3, Tagesdaten, High-Low-Trendfolge

Wenn wir den DAX in der Abbildung betrachten, so zeigt sich, dass der Informationsgehalt etwa dem Stundenchart mit Schlusskursen entspricht.

Insbesondere wenn wir keinen Zugriff auf Intraday-Kursdaten haben, sollten wir bei kleineren Zeiträumen daher immer eine Methode auswählen, welche die Höchst- und Tiefstkurse berücksichtigt, so wie die vorgestellte High-Low-Trendfolge-Methode.

Weitere Varianten der Datenquelle

Die folgenden weiteren Varianten seien nur kurz erwähnt, da sie in der Praxis keine große Rolle spielen. Wer es genauer wissen möchte, sei auf Kapitel 7 »Point & Figure-Algorithmen« hingewiesen. Hier findet der interessierte Leser detaillierte Beschreibungen.

Die High-Low-Trendumkehr-Methode funktioniert ähnlich wie zuvor, weil auch hier entweder das Hoch oder das Tief verwendet wird. Es wird jedoch – im Gegensatz zur High-Low-Trendfolge-Methode – immer zuerst das Extremum gegen die Trendrichtung ausgewertet. Führt dies zu einer oder mehreren neuer Boxen, so wird die Trendrichtung ignoriert.

Die Open-High-Low-Close(OHLC)-Methode wertet alle vier Kursdaten einer Zeitperiode aus.

Ferner existieren auch noch weitere Möglichkeiten, aus einem OHLC-Datensatz einen Kurs abzuleiten, mit dem die Point & Figure-Konstruktion durchgeführt wird. Beispielsweise der »Typische Preis« (typical price), der das Mittel aus Höchst-, Tiefst- und Schlusskurs bildet.

Boxgröße in Prozent

Es gibt noch einen weiteren Aspekt, der zu den grundsätzlichen Fragen der Parameter für die Einstellung gehört. Soll die Angabe der Boxgröße in absoluten Zahlen oder als relative Zahl erfolgen?

Nun, die Konstruktionsverfahren unterscheiden sich im Prinzip nicht, wenn die Boxgröße nicht in absoluten Punktwerten, sondern in Prozent angegeben wird.

> Die Angabe von absoluten Boxgrößen entspricht der Verwendung einer arithmetischen Preisachse. Die Angabe von relativen Prozent-Boxgrößen entspricht der Verwendung einer logarithmischen Preisachse.
>
> - Bei der arithmetischen Skalierung sind die Abstände in der Preisachse gleich: Beispielsweise ist der Abstand zwischen 2,00 Euro und 3,00 Euro derselbe wie der Abstand zwischen 26,00 Euro und 27,00 Euro.

- Bei der logarithmischen Skalierung sind die Abstände gleich in Bezug auf die prozentuale Veränderung: Der Abstand zwischen 2,00 Euro und 3,00 Euro ist derselbe wie beispielsweise zwischen 40,00 und 60,00 Euro. In beiden Fällen entspricht der Abstand 50 Prozent.

Der Unterschied in der Darstellung zeigt sich vor allem bei einem längerfristigen Zeitraum, in dem sich das zugrunde liegende Finanzinstrument im Kurs vervielfacht hat.

Allgemein ist die logarithmische Preisachse für die Kursdarstellung empfehlenswert. Denn in aller Regel interessiert den Marktteilnehmer die relative Bewegung. Beispielsweise ein Gewinnziel von +20 Prozent oder ein maximal akzeptierter Verlust von -5 Prozent. Jedenfalls betrachten wir so zumeist unsere langfristigen Renditeziele. Als Nachteil kann der Umgang mit einer »sperrig« zu lesenden Kursskala gelten. Wir erhalten auch keine schönen runden Kurszielmarken, sondern eben krumme Werte.

2.6 Point & Figure-Darstellung in der Praxis

Die Vielzahl der Möglichkeiten der Einstellungsparameter eines Point & Figure-Charts erschlägt häufig den unerfahrenen Anwender. Daher wollen wir die Frage beantworten: Welche Vorgehensweise ist in der Praxis sinnvoll?

Es empfiehlt sich, prinzipiell zu einem Finanzinstrument eine Reihe von Point & Figure-Charts mit verschiedenen Einstellungen zu betrachten. Eigentlich arbeitet jede vernünftige Analysesoftware mit Mehr-Fenster-Systemen, sodass am Software-Arbeitsplatz der Monitor mit mehreren Chartdarstellungen desselben Finanzinstruments gefüllt werden kann.

Startpunkt für den aktiven Investor mit Investitionszeiträumen von Wochen, Monaten und Jahren. Ein Vorschlag:

- Als Startpunkt wählen wir als strategischen Parameter die Umkehrgröße 3, denn es gibt hierzu das umfangreichste methodische Regelwerk. Nur wenn wir einen besonderen Anlass erkennen, werden wir hiervon abweichen.

- Als Datenquelle wählen wir Tagesdaten. Falls wir über einen längeren Zeitraum (über mehrere Jahre) auch Stundendaten zur Verfügung haben, so wählen wir als Zeitperiode Stunden aus.

- In jedem Fall verwenden wir die Höchst- und Tiefstkurse der Zeitperioden. Wir wählen also die High-Low-Trendfolge Methode aus.

- Als taktischer Parameter bleibt die Boxgröße. In verschiedenen Fenstern wollen wir denselben Finanzwert mit verschiedenen Boxgrößen betrachten.

- Als erste Näherung wählen wir als Boxgröße 1,0 Prozent aus. Dies entspricht zumeist einer »mittelfristigen« Darstellung des Kursgeschehens über typischerweise 2 bis 3 Jahre.

- Als Einstellung für die »langfristige« Betrachtung wählen wir als Boxgröße 2,0 Prozent.

- Für die »kurzfristige« Darstellung schließlich wählen wir als Boxgröße 0,5 Prozent.

Diese Boxgrößen erweisen sich in der Regel als praktikabel bei Indizes und bei den meisten Aktienwerten. Dynamische Aktien mit hoher Volatilität erfordern größere Boxen. Devisen und Anleihen erfordern unter Umständen unterschiedliche Einstellungen.

Sollte beispielsweise deutlich werden, dass der für eine mittelfristige Darstellung erwartete Zeitraum sich nicht zeigt, so passen wir die Boxgröße so lange an, bis wir eine Darstellung über einen Zeitraum von 2 bis 3 Jahren erhalten. Für die längerfristige Betrachtung verdoppeln wir die Boxgröße, und für die kurzfristige Betrachtung halbieren wir die Boxgröße.

Die folgende Abbildung zeigt beispielhaft ein typisches Setup.

Eine Kursliste (links) ist praktisch, um den gewünschten Wert direkt zu selektieren. Drei Chartfenster zeigen oben links den Dow Jones Industrial mit der Boxgröße 1,0 Prozent rechts daneben mit 0,5 Prozent und im Chartfenster unten mit einer Boxgröße von 2,0 Prozent. Wenn unser Interesse dem mittelfristigen Kursgeschehen mit 1,0 Prozent gilt, können wir so rechts bei 0,5 Prozent mehr Details erkennen, während das Chartbild mit Boxgröße 2,0 Prozent den größeren Zusammenhang zeigt (in der Abbildung ist zur Orientierung auch eine Zeitachse zu erkennen).

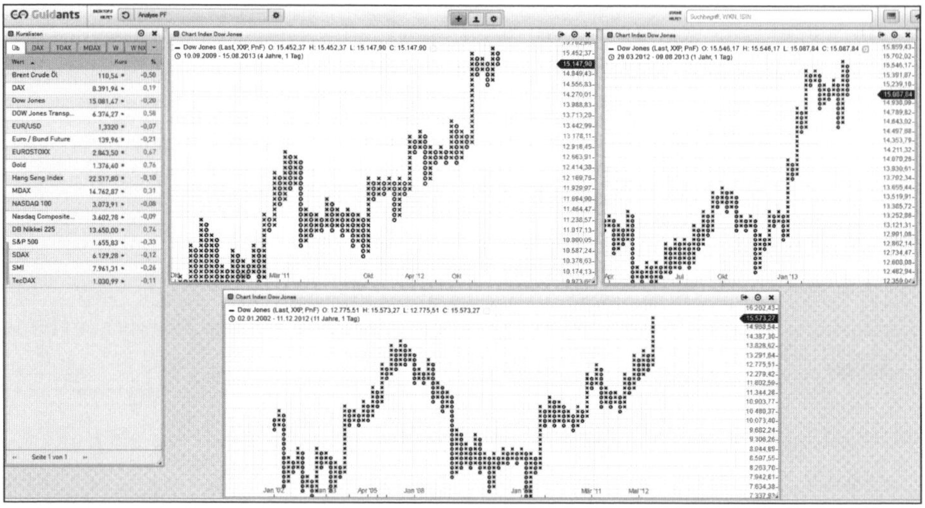

Abbildung 15: Ein Standard-Setup für den aktiven Investor. Dow Jones Industrial, Boxgröße 1,0 Prozent, 2,0 Prozent und 0,5 Prozent, Umkehr 3, Tagesdaten, High-Low-Trendfolge, letzter Kurs 16.08.2013 (Quelle www.guidants.com)

Meine Software hat keine Prozenteinstellungen, was tun? Oder auch: Ich möchte doch lieber mit runden Boxgrößen-Zahlen arbeiten!

In diesem Falle teilen Sie als Startpunkt den letzten Kurs durch 100 – das entspricht ja genau einem Prozent – und runden auf den nächsten Stufenwert. Geeignete Stufenwerte sind beispielsweise 500, 250, 100, 50, 20, 10, 5, 2, 1 etc.

Beispiel: Der DAX steht bei 8.545,32 Punkten. Ein Prozent entspricht also rund 85,5 Punkten. Für eine mittelfristige Betrachtung eignet sich daher die Boxgröße 100 Punkte (absolut). Langfristige Darstellungen wären mit 200 oder auch mit 250 Punkten gut eingestellt, und für kurzfristige Zeiträume dürfte eine Boxgröße von 50 Punkten geeignet sein.

Noch einmal sei aber eindringlich auf den Nachteil von absoluten Boxgrößen bei langfristigen Chartbetrachtungen hingewiesen. Die Boxgröße sollte sich dynamisch dem Kursgeschehen anpassen. In aller Regel ergibt sich so ein besseres Analyse- und Prognoseergebnis.

Dieser Sachverhalt wurde bereits früh erkannt. Da historisch betrachtet jedoch die Charts mühsam von Hand erstellt werden mussten, kamen prozentuale Darstellungen nicht infrage. Der Berechnungsaufwand war einfach zu groß.

Daher hat man quasi die logarithmische Preisskala durch eine Treppendynamik simuliert. Es gibt hier verschiedene historische Skalierungen. Bekannt ist beispielsweise folgende Regelung, welche die Firma Chartcraft in ihren Point & Figure-Chart-Services angewendet hat:

Wert in US-Dollar	**= Boxgröße**
0–5	= 0,25
5–20	= 0,50
20–100	= 1
100–200	= 2
200–500	= 5
500–1000	= 10
1000–2000	= 20
2000 –5000	= 50
5000–10000	= 100
10000–20000	= 200

Die Preisskala hat sich entsprechend der obigen Tabelle angepasst und so der Kursdynamik Rechnung getragen.

Je nach Autor finden sich unterschiedlich Treppendynamiken (Dorsey 2007, Zieg/Weber 2003).

Dieser Kunstgriff ist jedoch inzwischen überflüssig. Dank der modernen Informationstechnik kann der Computer in Echtzeit die notwendigen Berechnungen einer prozentualen Skalierung durchführen.

Startpunkt für den Trader mit Handelszeiträumen von typischerweise vielen Minuten, Stunden oder wenigen Tagen. Ein Vorschlag.

Eine Einschränkung vorweg: Wer im Sekundenzeitraum arbeitet (»Scalping«), für den eignet sich Point & Figure nicht.

Auch der Trader benötigt in aller Regel als Orientierungspunkt ein längerfristiges Chart. Wobei hier unter »längerfristig« eher ein Zeitraum von 3 oder 6 Monaten hin zu einem Jahr verstanden wird. Entsprechend eignet sich hier eine Boxgröße von 0,5 Prozent für Indizes und Aktienwerte.

Intraday-Kursdaten müssen auf jeden Fall vorhanden sein. Die Anwendung von Höchst- und Tiefstkursen der Zeitperioden, also der High-Low-Trendfolge-Methode, ist weiterhin empfehlenswert, wenn auch nicht zwingend notwendig. Wenn die verfügbaren Kursdaten sehr kleine Zeitperioden (1 Minute etc.) umfassen, genügen auch Schlusskurse.

Die prozentuale Darstellung ist nicht notwendig für die Darstellung des Intraday-Kursgeschehens oder des Kurgeschehens weniger Tage. Es gibt hier kaum Abweichungen zur absoluten Boxgröße, und die runden Zahlen vereinfachen das schnelle Erfassen der Informationen.

Neben der 3er-Umkehr ist auch ein Fenster mit einer 1-Box- oder einer 2-Box-Umkehr sinnvoll. Die Analyse über verschiedene Umkehrgrößen hinweg erfordert jedoch mehr Erfahrungswerte.

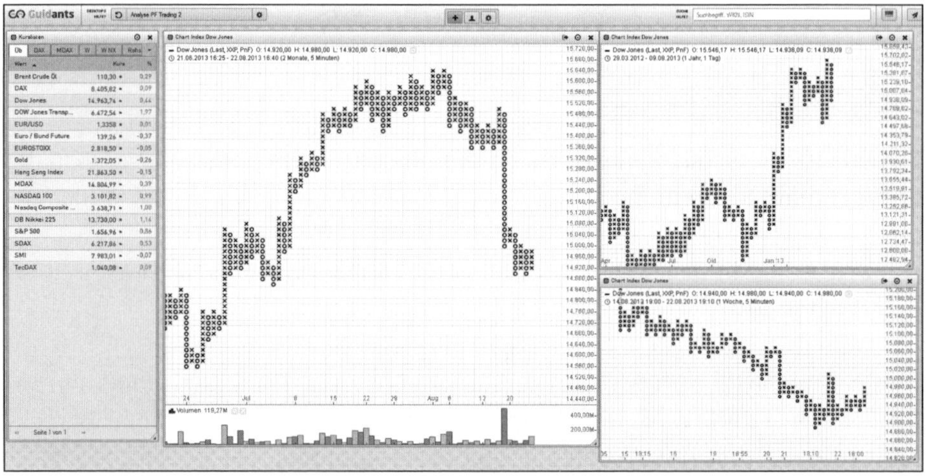

Abbildung 16: Ein Standard-Setup für den Trader, Dow Jones Industrial, letzter Kurs 22.08.2013 (Quelle www.guidants.com)

Die Einstellungen der drei Chartfenster sind in diesem Setup wie folgt:

- Links: Boxgröße 20 (absolut), Umkehr 3, 5-Minuten-Daten, High-Low-Trendfolge
- Rechts oben: Boxgröße 0,5 (Prozent), Umkehr 3, Tagesdaten, High-Low-Trendfolge

- Rechts unten: Boxgröße 10 (absolut), Umkehr 2, 5-Minuten-Daten, High-Low-Trendfolge

Das Hauptchart für das Trading ist links dargestellt. Die absolute Boxgröße ist individuell auf das Finanzinstrument abgestimmt. Bei der gewählten Auflösung von 25 Punkten zeigt das Chart einen Zeitraum von 3 Monaten. Oben rechts befindet sich der Überblick mit dem übergeordneten Kursgeschehen. Unten rechts ein noch etwas detaillierterer Blick im Vergleich zum Hauptchart, indem bei ansonsten unveränderten Parametern die 2er-Umkehr gewählt wurde.

Natürlich kann jeder Anwender sein individuelles Setup wählen, je nach Neigung (insbesondere im Trading-Bereich) und vor allem je nachdem, auf welche Finanzinstrumente der Fokus gelegt wird (Devisen, Aktien, Indizes usw.). Entscheidend ist, dass die Einstellungen im Rückblick gut funktioniert haben und gute Handelssignale lieferten.

Zeit im Point & Figure-Chart

Wie kann man eigentlich den Zeitraum erkennen, den ein Point & Figure-Chart zeigt?

Es ist richtig, dass die Kursbewegung im Vordergrund steht und die Frage, wie lange eine Auf- oder Abwärtsbewegung andauert, zweitrangig ist. Ebenso eignet sich P&F nicht, um zeitliche Vorhersagen zu machen. Die Frage, *wann* ein Kursziel erreicht wird, kann beispielsweise nicht beantwortet werden.

Wie sprechen gerne bei Point & Figure von der »zeitlosen« Methode, da die Zeitachse nicht äquidistant ist. Dennoch ist sie natürlich vorhanden: Wir lesen ein Point & Figure-Chart zeitlich immer von links nach rechts. Eine rechte Säule liegt zeitlich nach der vorigen linken Säule. Es lässt sich daher durchaus eine Zeitachse mit Datumseinträgen darstellen (beispielsweise immer mit dem Datum, wann die Säule begonnen wurde). Moderne Software zeigt den Zeitraum einer Säule üblicherweise auch direkt an (durch Markieren mit dem Mauszeiger oder Ähnliches).

Eher von historischer Bedeutung ist eine Nomenklatur, welche direkt in den Boxen den Monatsanfang kenntlich macht. Das Chartbild zeigt dann nicht nur X- und O-Boxen, sondern auch die Zahlen 0 bis 9 für die Monate Januar bis September und die Buchstaben A bis C für die Monate Oktober bis Dezember. Dies war sinnvoll und notwendig, als gedruckte Charts ausgetauscht wurden, ist dank moderner Software inzwischen jedoch weitgehend überflüssig. Dennoch ist diese Zusatzinformation auch heute noch in manchen Chartdarstellungen zu finden, und wir sollten sie kennen.

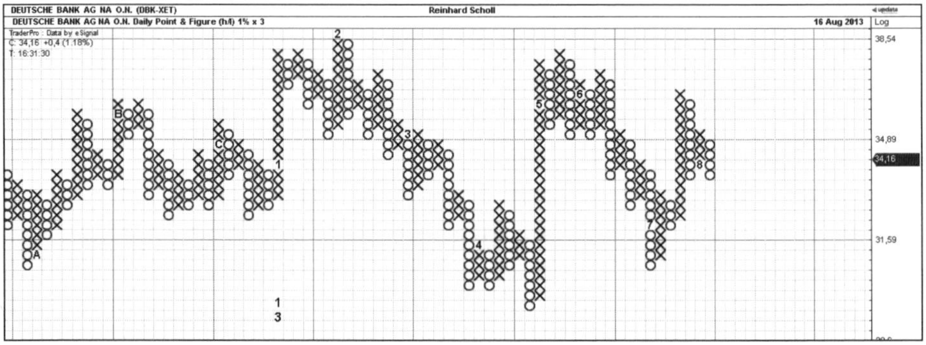

Abbildung 17: Point & Figure-Chart mit Kennzeichnung des Monatsanfangs

2.7 Renko und Kagi – japanisches Point & Figure

Abschließend sei noch darauf hingewiesen, dass die in den USA entwickelte Point & Figure-Methode mit ihrem Darstellungskonzept nicht alleine steht.

Bereits vor über 100 Jahren wurden in Japan ebenfalls Darstellungsformen entwickelt, die analog zu Point & Figure auf die Veränderungen des Preises fokussieren - ohne Berücksichtigung der für eine relevante Bewegung benötigten Zeit. Auch hier werden Kursintervalle auf eine Box reduziert oder eine Mindestumkehrgröße gefordert. Die Reduzierung des Kursgeschehens auf das Wesentliche steht im Mittelpunkt.

Es ist bei allen Darstellungsformen ein wesentliches Ziel, die relevanten Muster und Bewegungen möglichst rasch erkennen zu können.

Um einen visuellen Eindruck zu bekommen, betrachten wir zunächst ein Point & Figure-Chart zum nachfolgenden Vergleich mit dem entsprechenden Renko- und Kagi-Chart.

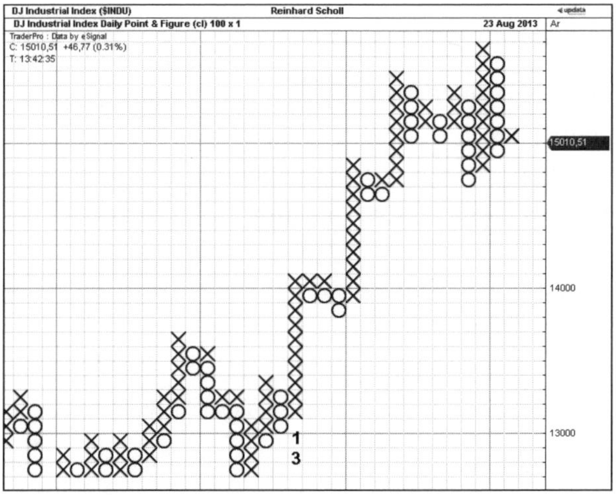

Abbildung 18: Ein Point & Figure-Chart. Dow Jones Industrial, Boxgröße 100, Umkehr 1, Tagesdaten, Schlusskurse 22.8.2013

Renko-Charts

Renko ist japanisch und heißt auf Deutsch »Baustein« oder »Block« (engl. brick). Der Name leitet sich aus dem Erscheinungsbild des Charts ab. Statt einer X-Säule wird eine Sequenz von weißen Bausteinen nebeneinander gezeichnet. Statt einer 0-Säule wird eine Sequenz von schwarzen Bausteinen nebeneinander gezeichnet. Es findet keine Stapelung der Bausteine statt.

Der Paramater »Baustein-Größe« (brick size) bei einem Renko-Chart entspricht in etwa der Boxgröße bei einem Point & Figure-Chart.

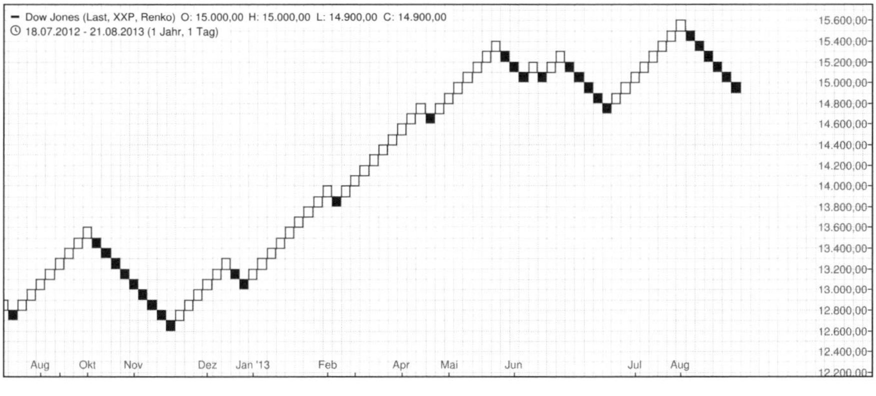

Abbildung 19: Ein Renko-Chart. Dow Jones Industrial, Bausteingröße 100, Tagesdaten, Schlusskurse 22.8.2013

Kagi-Charts

Kagi ist japanisch und heißt auf Deutsch »Schlüssel«. Der Name leitet sich aus dem Erscheinungsbild des Charts ab: Statt einer X-Säule wird ein L-förmiges Schlüsselelement mit dicker Linie gezeichnet, und statt einer O-Säule wird ein L-förmiges Schlüsselelement mit dünner Linie gezeichnet.

Der Paramater »Umkehr« bei einem Kagi-Chart entspricht in etwa der Umkehr bei einem Point & Figure-Chart.

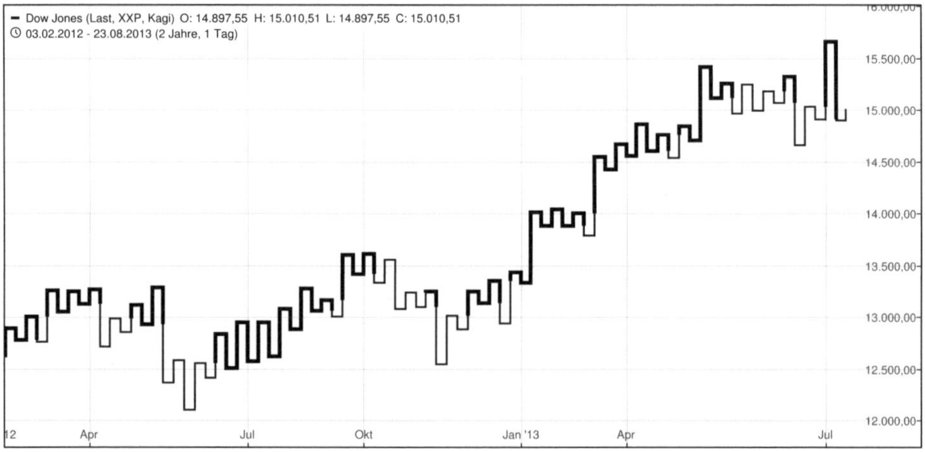

Abbildung 20: Ein Kagi-Chart, Dow Jones Industrial, Umkehr 100 Punkte, Tagesdaten, Schlusskurse 22.8.2013

Die genauen Konstruktionsregeln von Point & Figure-Boxen, Kagi-Schlüsselelementen und Renko-Bausteinen unterscheiden sich jedoch. Insbesondere ist das umfangreiche methodische Handwerkszeug, wie wir es im Folgenden kennenlernen werden – Trendlinien, Muster oder Zielkursbestimmung – einzigartig bei Point & Figure.

Wer sich näher für das Handeln mit Renko- und Kagi-Charts interessiert, der sei auf das Buch von John Craciun (2008) verwiesen.

2.8 Workshop

Aufgabe A: Chartfehler finden

Betrachten Sie folgendes Chart mit Boxgröße 10 und Umkehr 3. Das Chart enthält Darstellungsfehler.

1. Finden und erläutern Sie die Fehler!

2. Welche Rolle spielt die Boxgröße in Bezug auf die Darstellungsfehler?

870								X			X	
860								X			X	
850				X		X		X		X	X	
840				X	O	X	O	X	O	X	O	
830		X	O	X	O	X	O	X	O	X		
820		X	O	X	O				O	X		
810		X	O		O					X		
800			O						O	X		
790									O	X		

Abbildung 21: Point & Figure-Chart mit Fehlern (Boxgröße 10 und Umkehr = 3)

Aufgabe B: P&F-Boxen genau lesen

In der folgenden Abbildung sehen wir ein Point & Figure-Chart von Silber (Stand 16.08.2013). Die Boxgröße ist 1 und die Umkehr ist 3. Die Daten basieren auf Tagesschlusskursen. Die letzte Säule ist eine X-Säule und zeigt eine Aufwärtsbewegung. Hinweis: Die Boxbezeichnung ist in der vertikalen Preisskala mittig zur Box notiert.

1. Welcher Kurs ist notwendig, um eine weitere X-Box einzuzeichnen?

2. Welcher Kurs ist notwendig, damit eine Umkehr erfolgt?

3. Bei welchem Kurs wäre hier ein neues lokales Tief erreicht?

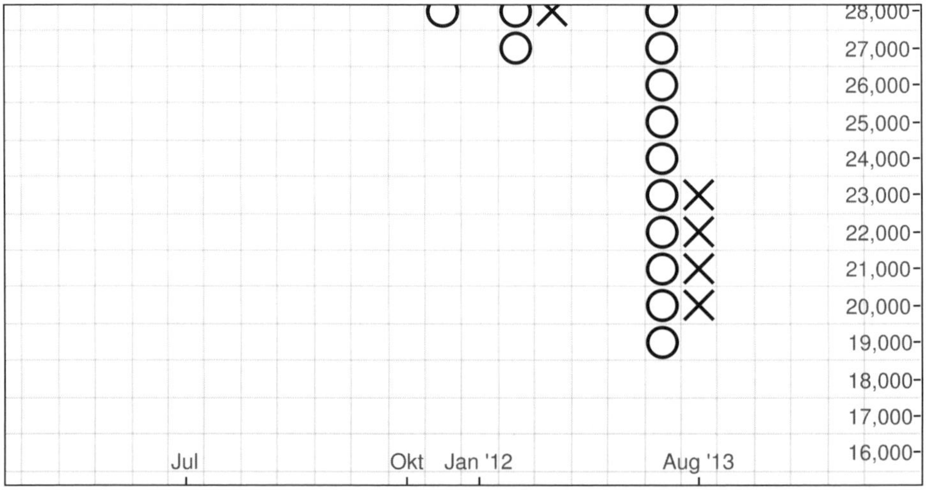

Abbildung 22: Point & Figure-Chart genau lesen (Silber, Boxgröße 1,0 und Umkehr = 3)

Aufgabe C: P&F-Darstellung allgemein

Betrachten Sie erneut die Datensequenz aus den Konstruktionsbeispielen:

Sequenz A:

59,5 – 59,1 – 60,0– 60,0 – 60,0 – 60,5 – 60,8 – 61,8 – 60,8 – 60,2 – 60,0 – 59,5 – 58,8 – 59,6 – 59,8 – 60,0 – 61,0 – 63,9 – 60,0 – 59,8 – 59,5 – 59,0 – 57,9 ....

1. Wie sieht das Point & Figure-Chart mit Boxgröße 1 und Umkehr (reversal) 2 aus?

2. Wie sieht das Point & Figure-Chart mit Boxgröße 1 und Umkehr (reversal) 5 aus?

Aufgabe D: Ein P&F-Chart lesen

1. Welche Einstellungen für die Boxgröße und welche Umkehr (Reversal) wurden hier verwendet?

2. Ist ersichtlich, ob hier die Konstruktion mittels Schlusskursen oder unter Berücksichtigung von Höchst- und Tiefstkursen durchgeführt wurde?

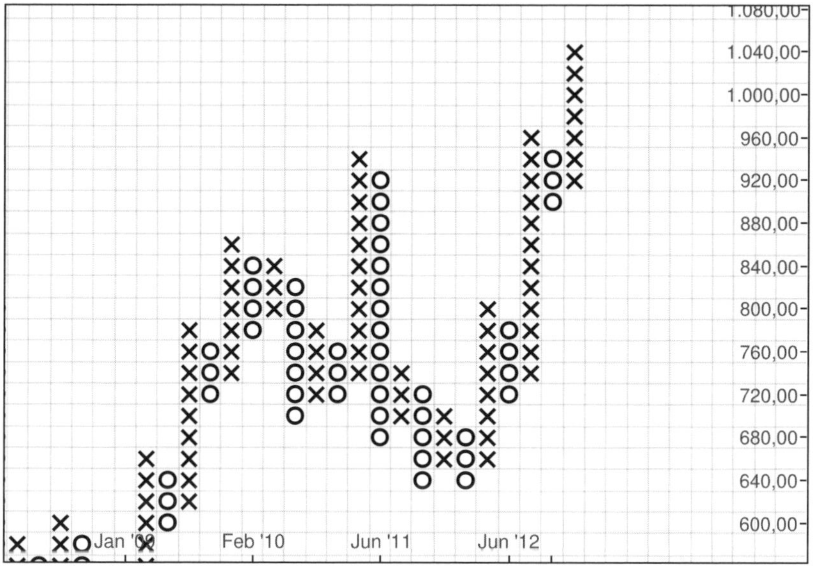

Abbildung 23: Point & Figure-Chart genau lesen (Silber, Boxgröße 1,0 und Umkehr = 3)

3. Trendlinien

3.1 Kapitelstruktur

Dieses Kapitel ist zweigeteilt. Zuerst werden allgemeingültige Aspekte für Trendlinien in der technischen Analyse behandelt. Anschließend kommen wir auf die speziellen Eigenheiten von Point & Figure-Trendlinien zu sprechen. Wer sich bereits ausgiebig mit dem Konzept und der Anwendung von Trendlinien beschäftigt hat, könnte daher den ersten Teil überspringen und direkt zum Unterkapitel 4.4 (»Trendlinien bei Point & Figure«) springen. Doch ich empfehle, zumindest einen Blick auf die Abbildungen und die Workshop-Übungen zu werfen.

3.2 Zusammenfassung

Trendlinien beschreiben das Kursgeschehen in Form von Unterstützungslinien. Aufwärtstrendlinien verbinden markante Tiefpunkte, und Abwärtstrendlinien verbinden markante Hochpunkte. Signifikante Trendlinien haben mindestens drei Berührungspunkte, verlaufen weder sehr steil noch sehr flach und sind langfristig. Unter langfristig versteht man typischerweise mehr als ein Jahr. Die Grundregel lautet, dass die Trendlinie das Kursgeschehen beschreibt und daher eng am Kurs verläuft. Bruch oder Abprall des Kurses von der Trendlinie sind signifikante Ereignisse.

Kritikpunkte sind die Subjektivität von »Steilheit«, »eng am Kursgeschehen verlaufend«, die Toleranzgrenze bei einem möglichen Bruch der Trendlinie sowie die Frage, ob Schlusskurse oder Hoch- und Tiefpunkte einer Zeitperiode verwendet werden sollten.

Einige dieser Kritikpunkte kann die 45-Grad-Point & Figure-Trendlinie verbessern. Sie wird überwiegend bei der 3er-Umkehr eingesetzt. Im quadratischen Kästchengitter der Point & Figure-Darstellung verläuft diese Trendlinie von einem markanten Tief oder einem markanten Hochpunkt ausgehend genau in einem 45-Grad-Winkel. Mehrere Auflagepunkte sind nicht notwendig. Der Bruch der Trendlinie erfolgt, wenn ein Kästchen ohne Berührung komplett jenseits der Linie eingezeichnet wird.

Es gibt bei Point & Figure nur Aufwärts- oder Abwärtstrends. Ein »trendloser« Zustand (Seitwärtstrend) existiert nicht. Die Konstruktion der 45-Grad-Trendlinie ist eindeutig und kann automatisiert werden (Chartsoftware).

Die Handelsregel ist ebenso eindeutig und lautet: Trendfolgend werden nur Kaufsignale über einer Aufwärtstrendlinie gehandelt und Verkaufssignale werden nur unter einer Abwärtstrendlinie gehandelt. Ein Trendbruch geht zumeist mit einem Handelssignal einher.

Interne Trendlinien und Trendkanallinien können beim Beschreiben und Analysieren des Kursgeschehens ebenfalls hilfreich sein.

Einführungs-Chart

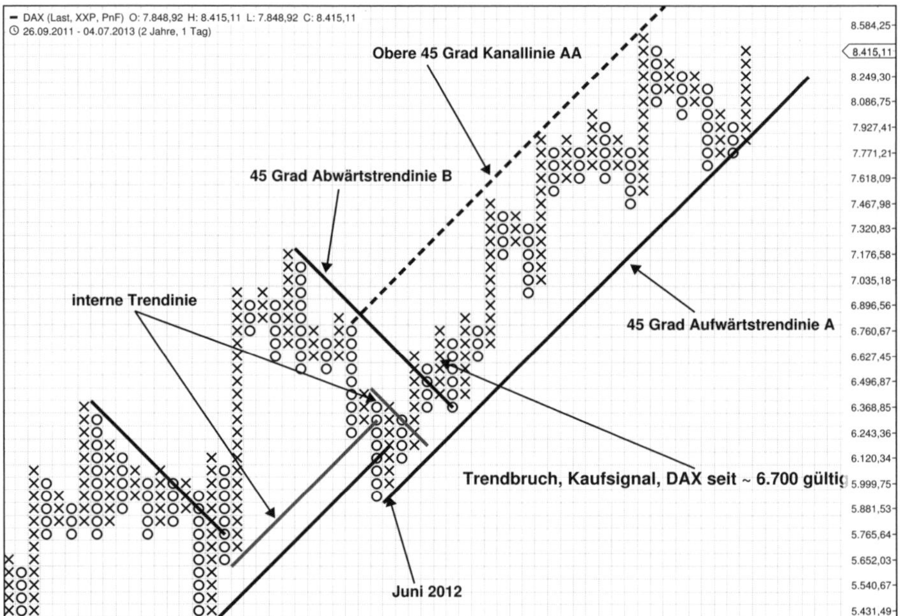

Abbildung 24: DAX, WKN 846900, Xetra-Daten, Stand 23.8.2013, Xetra; P&F-Parameter: Box 1,0 Prozent, Umkehr 3, High-Low-Trendfolge, Tagesdaten (OHLC)

Erlernen Sie in diesem Kapitel den Umgang mit Trendlinien. Wir betrachten zunächst ein analysiertes Chartbild des DAX, basierend auf dem Wissen aus diesem Kapitel.

Kommentierung: Der DAX befindet sich seit etwa Mitte Juni 2012 im Aufwärtstrend. Der Trendbruch der 45-Grad-Abwärtstrendlinie bei 6.561 Punkten mit anschließendem Kaufsignal bei rund 6.700 Punkten ist, Stand 24. Juli 2013, immer noch gültig. Der 45-Grad-Aufwärtstrend wurde nicht gebrochen. Die obere begrenzende Aufwärtstrendlinie AA ist signifikant, da sie mehrfach durch Anlaufen und Abprall des Kurses an der Trendlinie bestätigt wurde. Interne Trendlinien geben frühe Warnsignale vor möglichen Trendbrüchen.

3.3 Das Konzept der Trendlinie

Das Konzept der Trendlinie hat eine lange Historie. Es gehört zu den elementarsten Strukturen, die sich in einem Kursdatenchart einarbeiten lassen. Wie das Wort »Trendlinie« bereits andeutet, geht es um das Zeichnen einer – oder mehrerer – Linien, die einen Trend beschreiben.

Trend bedeutet ganz allgemein die Richtung des Marktes, in der er sich bewegt (Murphy 2011):

- Für einen **Aufwärtstrend** ergibt sich die Richtung aus einer Folge von steigenden Hochpunkten bei gleichzeitig steigenden Tiefpunkten.
- Für einen **Abwärtstrend** ergibt sich die Richtung aus einer Folge von fallenden Hochpunkten bei gleichzeitig fallenden Tiefpunkten.
- Von einem **Seitwärtstrend** spricht man, wenn sich weder Auf- noch Abwärtstrend postulieren lassen. Der Kurs bewegt sich in diesem Fall typischerweise innerhalb eine Spanne, die durch das letzte signifikante Hoch und das letzte signifikante Tief definiert wird. Statt des Begriffes Seitwärtstrend spricht man auch von »**trendlosem**« Kursgeschehen.

Trendlinien beschreiben die Steigung eines Auf- oder Abwärtstrends.

- Eine Aufwärtstrendlinie verbindet markante Tiefpunkte und verläuft somit unter dem Kursgeschehen.

- Eine Abwärtstrendlinie verbindet markante Hochpunkte und verläuft somit über dem Kursgeschehen.

Um dem Zeithorizont Rechnung zu tragen, unterscheidet man in aller Regel zwischen langfristigen, mittelfristigen und kurzfristigen Trends. Auch die Begriffe **Primärtrend, Sekundärtrend und Tertiärtrend** sind geläufig und basieren auf der **Dow-Theorie**, welche Charles Dow bereits Ende des 19. Jahrhunderts entwickelt hat. Jedoch gibt es hier keine scharfe Definition, welcher Zeitraum nun genau unter langfristig oder mittelfristig zu verstehen ist. Die zeitliche Ausdehnung von Trends hängt von vielen Faktoren ab – wie Wirtschaftszyklen – und ist daher schwer prognostizierbar.

Als Orientierung – nach Dow – darf hier Folgendes gelten:

- **Langfristige Trends** dauern über 1 Jahr, 1 bis 3 Jahre sind typisch.
- **Mittelfristige Trends** dauern einige Wochen bis einige Monate.
- **Kurzfristige Trends** dauern weniger als 2 bis 3 Wochen.

Aus heutiger Sicht wissen wir, dass in jeder Schachtel noch eine Schachtel steckt. Trends in Trends. In liquiden Märkten – wie dem Devisenmarkt – lassen sich Trends auch noch in sehr kleinen Zeiträumen finden.

Trends sind daher – wie auch die meisten visuellen Strukturen der technischen Analyse – **skalenunabhängig.** Wenn wir beispielsweise auf ein Chartbild mit Kursdaten blicken und keine Kennzeichnung auf der Zeit- und Preisachse angeben, so lassen sich vermutlich durchaus Trendstrukturen ermitteln, ohne jedoch Aussagen über den Zeitraum machen zu können. Das Chartbild eines Liniencharts über 30 Jahre mit Monatsschlusskursen könnte sich hier genauso wie ein Tageschart mit Intraday-Minuten-Schlusskursen verbergen.

Anmerkung: Gerne wird hier auch der Begriff »fraktal« benutzt, wobei die Skalenunabhängigkeit jedoch nur eines von weiteren Merkmalen sogenannter Fraktale ist.

Betrachten wir zunächst ein langfristiges Chartbild des DAX mit eingezeichneten Trendstrukturen.

Abbildung 25: DAX, WKN 846900, ca. 11 Jahre, Stand 23.8.2013, Xetra-Daten, Linienchart mit Wochenschlusskursen

Über diesen 11-Jahres-Zeitraum lassen sich im DAX sechs langfristige Trendlinien einzeichnen. Die abwärts gerichteten Trendlinien verbinden fallende Hochpunkte, und die Aufwärtstrendlinien werden durch verbundene Tiefpunkte markiert. Auf den ersten Blick beschreiben sie das Kursgeschehen recht gut. Vor allem fällt auf, dass das Kursgeschehen tatsächlich durch einen Wechsel von Auf- und Abwärtstrends geprägt ist. Längere Seitwärtsbewegungen sind nicht auszumachen.

Werfen wir weiterhin einen Blick auf ein Tageschart.

Abbildung 26: EUR/USD – Euro gegenüber US-Dollar, ISIN: EU0009652759, 1 Tag, Stand 18.7.2013, Xetra-Daten, Linienchart mit 5-Minuten-Schlusskursen

Auch hier lassen sich sehr kurzfristige Trendlinien einzeichnen. Die Trendlinien sind prinzipiell skalenunabhängig. Jedoch wäre wohl die erste Einschätzung, dass sich der Kurs hier weniger an die Trendlinienstrukturen hält.

Wir kommen in Kürze auf beide Chartbilder zurück, um die Qualität der Trendlinien zu bewerten.

Nutzen von Trendlinien

Doch warum zeichnen wir überhaupt Trendlinien in eine Chartgrafik? Im Wesentlichen interessiert sich der Analyst, Trader und Investor dafür, ob ein Trend sich ändert.

Der Trend könnte sich beispielsweise beschleunigen. Dies geschieht, wenn sich bei den Marktteilnehmern höhere Erwartungen über die zukünftige Entwicklung einer Aktie einstellen.

Doch das Hauptinteresse gilt dem möglichen **Trendbruch**. Fällt der Kurs unter eine Aufwärtstrendlinie, so kommt es zum sogenannten Trendbruch. Die **Unterstützung** durch die Aufwärtstrendlinie hat versagt. Dies ist ein wichtiges Ereignis und könnte eine Phase schwächerer Kursentwicklung, das Ende des Trends oder gar den Beginn eines neuen Trends in Gegenrichtung einläuten. Umgekehrt verhält es sich bei einer Abwärtstrendlinie: Der **Widerstand** ist gebrochen, und ein Durchbruch nach oben signalisiert neue Stärke des Kurses.

Häufig gelingt der Trendbruch nicht, und es geschieht das Gegenteil: Der Kurs läuft in Richtung der Trendlinie, bricht jedoch nicht durch, sondern es kommt zu einem (erneuten) **Abprall** an der Trendlinie. Die Unterstützung einer Aufwärtstrendlinie hält. Oder im Falle einer Abwärtstrendlinie: Der Widerstand kann nicht überwunden werden. Auch dieses Ereignis ist von großer Bedeutung und hilft für die weitere Prognose der Kursentwicklung.

Gute und schlechte Trendlinien

Ein provokanter Titel. Gibt es gute und schlechte Trendlinien? Zunächst ist festzuhalten, dass unterschiedliche Analysten durchaus unterschiedliche Trendlinien in ein Linien- oder Kerzenchart einzeichnen können. Da es kein klares Regelwerk gibt, ist Ambiguität prinzipiell möglich. Jedoch gelten einige Prinzipien. Letztlich folgen die aufgeführten Regeln alle dem grundlegenden und leicht verständlichen Prinzip, dass eine Trendlinie den Trend möglichst genau beschreiben sollte.

Eine **vorläufige Trendlinie** ist durch lediglich zwei Punkte definiert. **Eine gültige Trendlinie** ergibt sich erst durch drei oder mehr Punkte (Murphy 2011).

Martin Pring beschreibt die Qualität einer Trendlinie mit folgendem Satz (Pring 2002):

> Die Signifikanz einer Trendlinie ist eine Funktion ihrer Länge, Anzahl der Berührungspunkte und des Steigungswinkels.

Betrachten wir diese drei Qualitätskriterien genauer.

1. Für die Anzahl der **Berührungspunkte** gilt: Je mehr, desto besser. Viele Berührungspunkte bedeuten, dass der Markt die Trendlinie akzeptiert, die Unterstützung hält. Die Linie beschreibt tatsächlich den Trend des Kurses.

2. Der **Steigungswinkel** ist ebenfalls von Bedeutung. Eine sehr steile Trendlinie kann in aller Regel nur für kurze Zeiträume aufrechterhalten werden. Sonst würde dies bedeuten, dass der Markt kontinuierlich den zugrunde liegenden Wert falsch einschätzt und ständig neu bewertet. Eine sehr flache Trendlinie wiederum lässt die Frage zu, ob es sich hier überhaupt um einen Auf- oder Abwärtstrend handelt oder eher um eine schwache Bewegung, der keine Trendüberzeugung zugrunde liegt. In beiden Fällen ist ein Bruch der Trendlinie wenig überraschend und daher weniger signifikant.

3. Schließlich ist die **Länge** von Bedeutung. Ein Bruch oder erneuter Abprall von einer langfristigen Trendlinie (möglicherweise mit vielen Berührungspunkten in der Vergangenheit) ist von großer Bedeutung. Der Markt ist sich der Bruchsituation bewusst, und hier folgen dann auch häufig starke Reaktionen. Man mag von sich selbst erfüllenden Prophezeiungen sprechen. Letztlich spielt es aus Sicht der technischen Analyse jedoch keine Rolle. Eine kurzfristige Trendlinie spiegelt hingegen eher das Rauschen und die »normale« Volatilität wider, die sich im wellenförmigen

Auf und Ab der Kursbewegungen einstellen. Nur eine von vielen Erklärungen hierfür ist die ständige Flut der Nachrichten zu einem Wert, die für einen kurzen Zeitraum den Kurs beeinflussen.

Weiterhing gilt das Prinzip: Die Trendlinie soll **eng am Kursgeschehen** laufen. Wenn sich der Kurs signifikant von der Trendlinie entfernt, verliert sie an Nutzen. Gegebenenfalls orientiert sich der Markt an kurzfristigeren Trends oder anderen Bewegungsmustern.

Eine weitere Frage, die in der Praxis auftaucht, ist, ob die **Preisachse arithmetisch** oder **logarithmisch** eingestellt sein sollte.

- Bei der arithmetischen Skalierung sind die Abstände in der Preisachse äquidistant: Beispielsweise ist der Abstand zwischen 2,00 Euro und 3,00 Euro derselbe wie der Abstand zwischen 26,00 Euro und 27,00 Euro. Häufig wird hier auch der Begriff absolute Werteskala verwendetet.

- Bei der logarithmischen Skalierung sind die Abstände äquidistant in Bezug auf die prozentuale Veränderung: Der Abstand zwischen 2,00 Euro und 3,00 Euro entspricht demselben Abstand wie beispielsweise zwischen 40,00 und 60,00 Euro. In beiden Fällen entspricht der Abstand 50 Prozent Häufig wird hier auch der Begriff relative Werteskala verwendet.

Diese Darstellungsfrage gilt übrigens prinzipiell auch für Point & Figure-Charts, wie wir im vorigen Kapitel bereits gelernt haben.

Ganz allgemein ist die logarithmische Preisachse für die Kursdarstellung empfehlenswert. Denn in aller Regel interessiert den Marktteilnehmer die relative Bewegung, beispielsweise ein Gewinnziel von +20 Prozent oder ein maximal akzeptierter Verlust von -5 Prozent. Jedenfalls betrachten wir so zumeist unsere langfristigen Renditeziele.

In der Praxis unterscheiden sich die Trendlinien oft nur wenig. Nur bei Werten, bei denen sich der Kurs im betrachteten (typischerweise längeren) Zeitraum stark ändert, etwa vervielfacht, wird das zugrunde liegende Chartbild deutlich abweichen.

In diesen Fällen empfiehlt sich sowohl die Betrachtung mit der arithmetischen als auch mit der logarithmischen Skala. Jede vernünftige Software sollte hierfür einen Schalter besitzen, der typischerweise unter den Eigenschaften des Charts zu finden ist.

Letztlich entscheiden wir uns für diejenige Darstellung, bei der das übergreifende Prinzip gilt: **Die Trendlinie soll möglichst genau den Trend beschreiben.**

Nach diesen Erläuterungen lohnt sich ein zweiter Blick auf die beiden vorgestellten Chartbilder des DAX. Wir können nun bewerten, ob die eingezeichneten Trendlinien sinnvoll und wie gut sie angesichts der Qualitätskriterien sind.

Abbildung 27: DAX, WKN 846900, ca. 11 Jahre, Stand 23.8.2013, Xetra-Daten, Linienchart mit Wochenschlusskursen

Betrachten wir einige der Trendlinien genauer. Die Skalierung des Charts ist logarithmisch.

- Trendlinie (2): Sie beschreibt den langfristigen Aufwärtstrend des DAX von 2003 bis zum Bruch im Januar 2008. Die Linie läuft durch vier Berührungspunkte. Es handelt sich also um eine gültige Trendlinie nach Murphy (2011). Der Steigungswinkel ist weder sehr steil noch sehr flach. Insgesamt handelt es sich um eine sehr signifikante Trendlinie. Dementsprechend ist der Trendbruch (Pfeil) auch bedeutend.

- Trendlinie (5): Sie beschreibt einen Abwärtstrend vom Juni 2011 bis Dezember 2011. Diese Trendlinie kann durchaus kritisiert werden. Zwar sind auch hier drei Punkte verbunden als eine gültige Trendlinie, doch der Kurs bewegt sich zunächst sehr steil abwärts und somit deutlich weg von der Trendlinie. Auch der Zeitrahmen ist ungewöhnlich, denn als »langfristig« kann der dargestellte Zeitraum von rund 5 Monaten kaum gelten. Dennoch funktionieren die Trendlinien (4) und (6) nur, wenn dazwischen ein Abwärtstrend postuliert wird.

- Trendlinie (6): Sie beschreibt den langfristigen Aufwärtstrend des DAX von September 2011 und ist noch weiter gültig: Der Aufwärtstrend im DAX ist im Juli 2013 noch intakt. Die Linie läuft durch vier Berührungspunkte. Es handelt sich also um eine gültige Trendlinie nach Murphy (2011). Weiterhin ist hier auch gut zu erkennen, wie der Primärtrend von Sekundärtrends begleitet wird. Jeder Abprall an der Aufwärtstrendlinie entsteht durch eine mittelfristige kleinere Abwärtstrendbewegung mit anschließender mittelfristiger Aufwärtstrendbewegung. Dabei verlaufen Korrekturphasen schneller als Bewegungen in Trendrichtung. Dies ist häufig der Fall.

Noch eine weitere Beobachtung interessiert uns an dieser Stelle. Tatsächlich wurde die Trendlinie (6) zeichnerisch als Parallelverschiebung der Trendlinie (4) konstruiert. Beide Trendlinien haben exakt dieselbe Steigung. Auch die Trendlinie (2) hat fast denselben Steigungswinkel. Merken wir uns an dieser Stelle, dass es offenbar möglich ist, dass »typische« Steigungen von qualitativ guten Trendlinien von Bedeutung sein könnten. Das Stichwort lautet hier **»Point & Figure-45-Grad-Trendlinie«**.

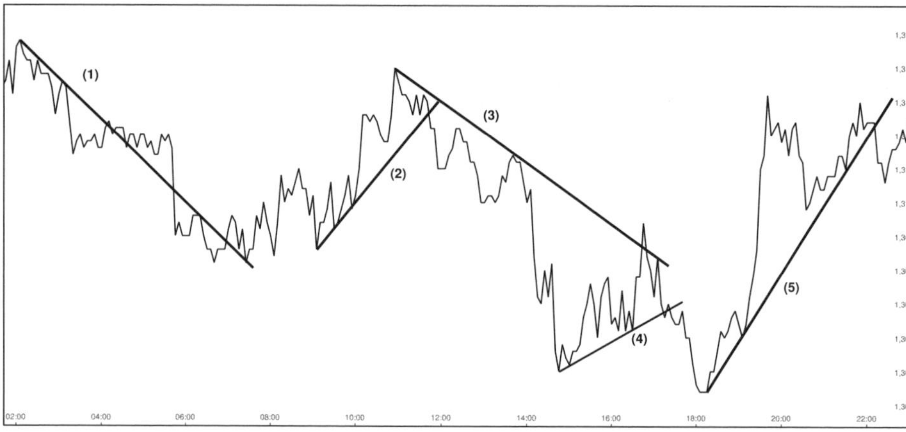

Abbildung 28: EUR/USD – Euro gegenüber US-Dollar, ISIN: EU0009652759, 1 Tag, Stand 18.7.2013, Xetra-Daten, Linienchart mit 5-Minuten-Schlusskursen

Betrachten wir auch hier die Trendlinien genauer. Die Skalierung des Charts ist logarithmisch. Bei einer Kursbewegung am 18.7.2013 zwischen etwa 1,3070 und 1,3125 spielt dies jedoch keine Rolle, die Darstellung ändert sich nur unwesentlich bei arithmetischer Skalierung.

- Trendlinie (1): Sie beschreibt zwar die Abwärtsbewegung, läuft aber durch das Kursgeschehen hindurch. Erkennbar ist hier eine Seitwärtstrendbewegung nach dem ersten Teil der Korrektur. Danach schließt sich ein zweiter Korrekturteil an.
- Das Muster zwischen Trendlinie (1) und (2) ist eine volatile Seitwärtsbewegung und kann als »trendlos« gelten.
- Trendlinie (4) ist auch fragwürdig. Zwar können hier drei oder auch vier Punkte verbunden werden, aber der Kurs springt weit weg von der Abwärtstrendlinie. Gravierender ist hier jedoch, dass der Abwärtstrend, den die Trendlinie (3) beschreibt, noch nicht gebrochen wurde. Die Trendlinie ist zu kurz gezeichnet und kann noch weiter nach rechts verlängert werden. Der kurze V-förmige Zacken über die Linie hinaus kann als »Fehlausbruch« gelten.

Es wird deutlich, dass die sinnvolle Anwendung von klassischen Trendlinien in derart kurzfristigen Zeiträumen durchaus schwierig ist. Auf jeden Fall würde es nicht überraschen, wenn zwei unterschiedliche technische Chartanalysen zu unterschiedlichen Ergebnissen kommen.

Probleme mit dem Trendlinienkonzept

Die Kritikpunkte lassen sich wie folgt zusammenfassen:

- Die »Steilheit« ist subjektiv und ändert sich je nachdem, wie die Datums- und Werteskala eingestellt sind und wie hoch und breit das Chartfenster ist. Ein objektiver Winkel ist so nicht auszumachen.
- Was genau bedeutet eng am Kursgeschehen? Oft lassen sich mehrere Varianten einzeichnen, die »eng« am Kursgeschehen verlaufen.
- Wann ist eine Trendlinie gebrochen? Wie viel Toleranz soll erlaubt sein? Hier gibt es zwar Regeln wie die »3 Prozent-Regel« (3 Prozent Kurstole-

ranz zur Trendlinie) oder die »48-Stunden-Regel« (Tagesschlusskurse zwei Tage in Folge jenseits der Trendlinie). Jedoch ist auch dies nur begrenzt praktikabel und erscheint etwas willkürlich.

- Wenn wir nicht mit Schlusskursen arbeiten, sondern mit den Höchst- und Tiefstkursen der Zeitperiode, wie dies bei Balken- und den sehr gebräuchlichen Kerzen-Chartdarstellungen üblich ist, welche Punkte sollen dann genau miteinander verbunden werden? Das allgemeine Votum lautet hier: Jeder Kurs ist relevant, und daher sollten die Periodenhochs/tiefs verwendet werden. Doch was, wenn die Schlusskurse eine Trendlinie besserer Qualität zeigen (z. B.mehr Berührungspunkte oder enger am Kursgeschehen)?

Gehen wir nun zur Anwendung der Trendlinien in Point & Figure-Charts über. Erfreulicherweise gibt es hier eine Trendlinienvariante, die viele der aufgeführten Schwachpunkte verbessert.

3.4 Trendlinien bei Point & Figure

Das bisher vorgestellte Trendlinienkonzept mit seinen Stärken und Schwächen ist auch für die Point & Figure-Methodik relevant. Zum einen, da auch im Point & Figure-Chart Trendlinien als wesentliches Analyseinstrument Verwendung finden. Zum anderen, weil es insbesondere in der 3er-Umkehr-Darstellung eine bestimmte Variante der Trendlinie gibt – die sogenannte **45-Grad-Trendlinie**, die sich einiger der aufgeführten Kritikpunkte annimmt.

In jedem Falle sind Trendlinien ein elementares Konzept der Point & Figure-Analyse.

Die herkömmlichen Trendlinien werden auch als **subjektive Trendlinien** bezeichnet. Wie im vorigen Unterkapitel erläutert, liegt die genaue Konstruktion oft im Auge des Betrachters. Im Gegensatz dazu wird die 45-Grad-Trendlinie auch als **objektive Trendlinie** bezeichnet, da ihre Konstruktion eindeutigen Regeln folgt. Und daher ist sie auch automatisierbar – manche Computersoftware bietet die Funktionalität, die 45-Grad-Trendlinien automatisch einzuzeichnen. Der Algorithmus hierzu wird vorgestellt.

In beiden Fällen, subjektiven wie objektiven Trendlinien, gibt es jedoch einen Unterschied zu Trendlinien in Linien-, Balken- oder Kerzencharts. Da die Zeitachse bei Point & Figure nicht äquidistant ist, wird durch die Steilheit nicht das Wachstum des Trends pro Zeiteinheit dargestellt, sondern das Wachstum pro Umkehr zwischen steigenden Phasen (X-Säulen) und fallenden Phasen (O-Säulen). Da eine X-Säule einen Überhang an Nachfrage ausdrückt (Käuferdominanz) und eine O-Säule einen Überhang an Angebot ausdrückt (Verkäuferdominanz), **beschreibt die Trendlinie die Entwicklung des Wechsels zwischen Angebot und Nachfrage.**

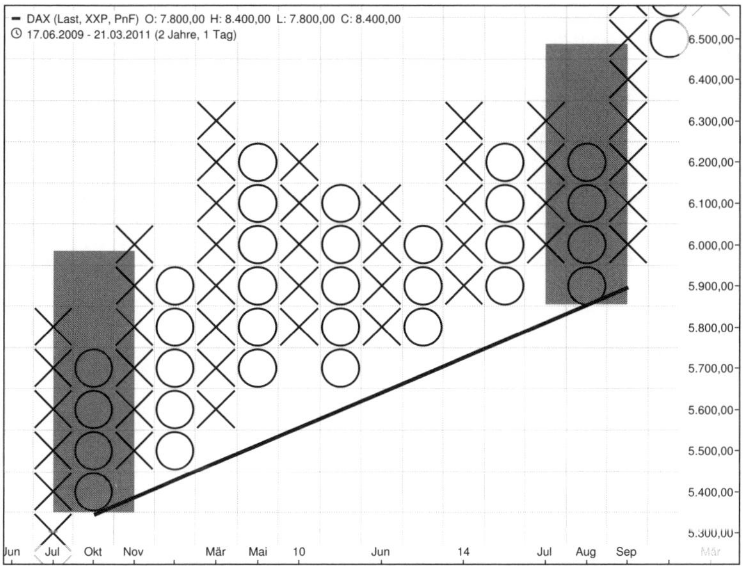

Abbildung 29: Subjektive Trendlinie, Boxgröße 100

In der Abbildung 29 steigt die Aufwärtstrendlinie von einer O-Säule ausgehend bei 5.400 Punkten bis zur O-Säule bei 5.900 Punkten, dem vierten Berührungspunkt. Der Anstieg der Trendlinie ist 500 Punkte über 10 Säulen. Die Steigung beträgt also 500/10 = 50 Punkte pro Säule. Mit dieser konstanten Rate hat sich in dem dargestellten Ausschnitt der Kurs pro Umkehr nach oben entwickelt.

Zum Einsatz von subjektiven Trendlinien bei Point & Figure-Charts mit Umkehrgrößen >1 gilt die Regel: Nur wenn eine subjektive Trendlinie signifikant ist und viele Berührungspunkte aufweisen kann, sollte sie in das Point & Figure-Chart eingezeichnet werden.

3.5 Die 45-Grad-Point & Figure-Trendlinie

Die 45-Grad-Point & Figure-Trendlinie wird durch objektive Regeln bestimmt. Die Steigung beträgt genau 45 Grad (wenig überraschend). Diese Trendlinienvariante wird daher auch als objektive Trendlinie bezeichnet.

Sie wird vor allem in Darstellungen mit der Umkehrgröße 3 verwendet und ist fester Bestandteil des hier angewendeten Handelsregelwerkes.

Definitionen

- Eine Trendlinie, die von einem markanten Tiefpunkt im 45-Grad-Winkel nach oben läuft, heißt **bullish support line**. Synonym hierzu lässt sich der deutsche Begriff **45-Grad-Aufwärtstrendlinie** verwenden.
- Eine Trendlinie, die von einem markanten Hochpunkt im 45-Grad-Winkel nach unten läuft, heißt **bearish resistance line**. Synonym hierzu lässt sich der deutsche Begriff **45-Grad-Abwärtstrendlinie** verwenden.

Notiert der Kurs **über** einer 45-Grad-Aufwärtstrendlinie, so befindet er sich im **Aufwärtstrend.**

Notiert der Kurs **unter** einer 45-Grad-Abwärtstrendlinie, so befindet er sich im **Abwärtstrend.**

Es gibt in dieser Parametrisierung **nur** Auf- oder Abwärtstrends. **Trendlose** Zustände oder Seitwärtstrends existieren nicht.

Auf- und Abwärtstrends wechseln sich ständig ab.

Die 45-Grad-Trendlinie benötigt keine weiteren Berührungspunkte. Sie ist eindeutig definiert durch den Ausgangpunkt (markantes Tief oder Hoch) und den Steigungswinkel von 45 Grad.

Jedoch gilt auch hier das Prinzip: **Eine 45-Grad-Trendlinie ist umso signifikanter, je häufiger sie bestätigt wird.** Diese Bestätigung erfolgt durch Abprall an der 45-Grad-Trendlinie.

Ein 45-Grad-Winkel bedeutet mindestens einen Anstieg von einer Boxgröße pro Umkehr. **Die Sensitivität der Trendlinie ist daher eine direkte Funktion der Boxgröße.**

- Einstellungen mit großen Boxgrößen zeigen langfristigere Trendlinien.
- Einstellungen mit kleinen Boxgrößen zeigen kurzfristigere Trendlinien.

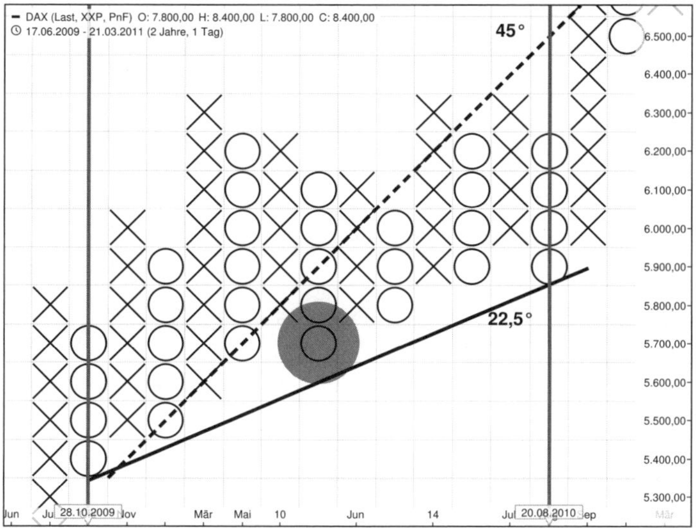

Abbildung 30: Subjektive Trendlinie und objektive 45-Grad-Trendlinie, Boxgröße 100

Die Forderung nach einer Steigung von mindestens einer Boxgröße pro Umkehr ist bedeutsam. Das in Abbildung 30 dargestellte Kursgeschehen postuliert keinen Aufwärtstrend, denn der Kurs setzt in der Mitte des Charts nach unten durch die gestrichelt eingezeichnete 45-Grad-Trendlinie zurück (grauer Kreis).

Während die 45-Grad-Trendlinie mit 100 Punkten pro Säule bei der dargestellten Boxgröße 100 ansteigt, hat die subjektive Trendlinie lediglich eine Steigung von 50 Punkten pro Säule. Entsprechend beträgt der Steigungswinkel 22,5 Grad. Dies ist zu wenig aus Sicht der Handelsregeln, um einen signifikanten Aufwärtstrend zu postulieren.

Um der Bedingung eines 45-Grad-Anstiegs und somit eines validen Aufwärtstrends zu genügen, muss im Durchschnitt mindestens eine X-Säule mit der Länge 5 auf eine O-Säule der Länge 3 folgen (»5 hoch – 3 runter«).

Allgemeiner ausgedrückt im Falle von beliebigen Umkehrgrößen:

Für eine intakte 45-Grad-Trendlinie muss der durchschnittliche Impuls mindestens 2 Boxen stärker sein als der entgegengerichtete Korrekturimpuls.

Hinweis: Vorsicht bei Software, welche die Boxen nicht korrekt als Quadrate zeichnet. In diesem Falle ist optisch auch kein korrekter 45-Grad-Winkel zu erkennen.

Konstruktion der 45-Grad-Point & Figure-Trendlinie

Betrachten wir zunächst ein Chartbild mit 45-Grad-Trendlinien.

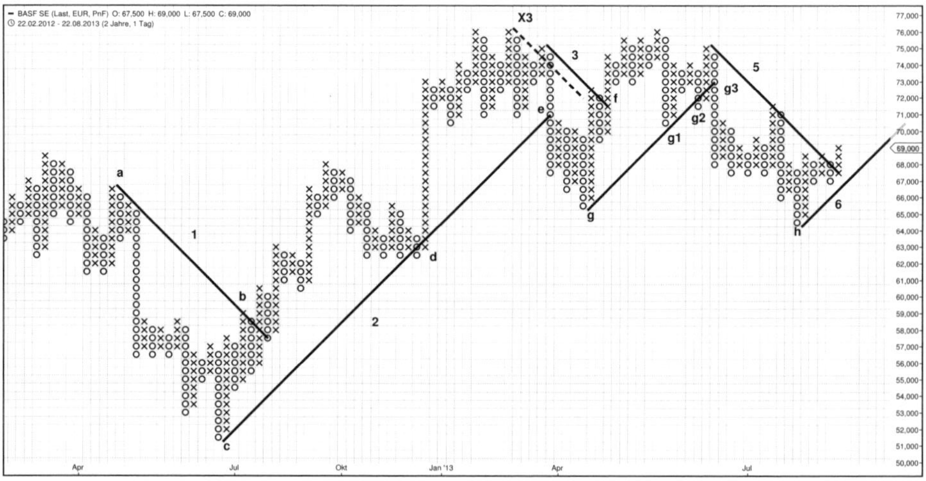

Abbildung 31: BASF, WKN BASF11, Stand 23.8.2013, Xetra; P&F-Parameter: Box 0,5, Umkehr 3, High-Low-Trendfolge, Tagesdaten (OHLC)

Betrachten wir die obigen Trendlinien und das Konzept ihrer Konstruktion am konkreten Beispiel in Abbildung 31.

Trendlinie 1 ist eine Abwärtstrendlinie (bearish resistance line), ausgehend von einer signifikanten X-Säule, und wurde zunächst durch eine weitere Umkehrsäule bestätigt (a). Später hat sich der Kurs deutlich entfernt. Beim Rücklauf an die Trendlinie (b) zeigt diese auch ihre Rolle als Widerstand, und eine X-Säule prallt ab. Der nächste Anlauf führte schließlich zum Trendbruch.

Der Kurs liegt nun im Aufwärtstrend. Die zugehörige Aufwärtstrendlinie (bullish support line) finden wir, indem wir die O-Säule mit dem tiefsten

O innerhalb des vorigen Abwärtstrends suchen. Diese Säule ist leicht zu entdecken (c). Weiterhin muss die von diesem Tiefpunkt (c) ausgehende Trendlinie ununterbrochen eingezeichnet werden können. Dies ist der Fall für die Trendlinie 2. Es sei hier noch einmal daran erinnert: Die 45-Grad-Trendlinie benötigt keine weiteren Berührungspunkte. Sie ist eindeutig definiert durch den Ausgangpunkt und den Steigungswinkel von 45 Grad.

Bei Trendlinie 2 kommt es am Punkt d fast zum Bruch. Doch gilt eine Box, die an der Ecke noch von der Trendlinie berührt wird, noch nicht als Bruch. Vielmehr funktioniert die Aufwärtstrendlinie hier als Unterstützung, und der Kurs prallt nach oben ab. Erst bei e kommt es schließlich zum Bruch des Aufwärtstrends.

Wir suchen nun den Ausgangspunkt für die nächste Abwärtstrendlinie. Dazu suchen wie die X-Säulen mit dem höchsten X. Jedoch lässt sich keine ununterbrochene Trendlinie zeichnen: Die Linie X3 startet zwar am höchsten X, aber sie läuft durch das Kursgeschehen. In diesem Fall setzten wir unsere Suche auf die weiter rechts liegenden X-Säulen fort. Trendlinie 3 ist korrekt. Sie ist die erste gefundene X-Säule, von deren höchstem X ausgehend eine ununterbrochene Abwärtstrendlinie gezeichnet werden kann.

Trendlinie 3 wird im zweiten Anlauf eines Aufwärtsimpulses (X-Säule) in Punkt f gebrochen. Die nächste Trendlinie wird nach demselben Prinzip gefunden und eingezeichnet. Das tiefste O innerhalb des Abwärtstrends 3 ist der Ausgangspunkt für eine ununterbrochene Aufwärtstrendlinie.

Trendlinie 4 wird mehrfach getestet (g1, g2), bevor der Bruch bei g3 erfolgt.

Die nächste Abwärtstrendlinie 5 wurde gerade durch die aktuelle X-Säule gebrochen. Bereits vor dem Bruch wäre es ohne großen Aufwand möglich gewesen, die potenzielle Aufwärtstrendlinie am Punkt h anliegend einzuzeichnen, um mögliche Unterstützungsniveaus zu prognostizieren.

Fassen wir die **Konstruktionsregel für 45-Grad-Trendlinien** zusammen:

Eine Trendlinie ist technisch gebrochen, wenn ein Kästchen vollständig jenseits der Trendlinie gezeichnet werden kann, ohne dass eine Berührung mit der Trendlinie vorliegt.

Die nächste Trendlinie wird gefunden, indem wir

- im Falle einer **gebrochenen Aufwärtstrendlinie** zunächst innerhalb des Kursgeschehens des nunmehr gebrochenen Aufwärtstrends nach dem höchsten X einer X-Säule suchen (also dem Hoch innerhalb des alten Aufwärtstrends) und von dort eine neue 45-Grad-Abwärtstrendlinie zeichnen, **wenn** dies ohne Unterbrechung möglich ist. Dies ist häufig der Fall, und wir sind fertig. Falls nein: Wir gehen nun von der höchsten X-Säule aus so lange zu der jeweils rechts benachbarten X-Säule, bis wir die erste X-Säule gefunden haben, von deren höchstem X eine neue Abwärtstrendlinie ohne Unterbrechung gezeichnet werden kann.

- im Falle einer **gebrochenen Abwärtstrendlinie** zunächst innerhalb des Kursgeschehens des nunmehr gebrochenen Abwärtstrends nach dem tiefsten O einer O-Säule suchen (also dem Tief innerhalb des alten Abwärtstrends) und von dort eine neue 45-Grad-Aufwärtstrendlinie zeichnen, **wenn** dies ohne Unterbrechung möglich ist. Dies ist häufig der Fall, und wir sind fertig. Falls nein: Wir gehen nun von der tiefsten O-Säule aus so lange zu der jeweils rechts benachbarten O-Säule, bis wir die erste O-Säule gefunden haben, von deren tiefstem O eine neue Aufwärtstrendlinie ohne Unterbrechung gezeichnet werden kann.

Ferner gilt:

- Die Trendlinie verläuft im Ansatzpunkt zeichnerisch von der unteren rechten Boxecke ausgehend im Falle eines 45-Grad-Aufwärtstrends.

- Die Trendlinie verläuft im Ansatzpunkt zeichnerisch von der oberen rechten Boxecke ausgehend im Falle eines 45-Grad-Abwärtstrends.

Da das Regelwerk für 45-Grad-Trendlinien objektiv ist, lässt sich hierfür auch ein Algorithmus beschreiben. Den Pseudocode hierzu finden Sie in Kapitel 7 (»Point & Figure-Algorithmen«). Eine Software-Implementierung könnte dann auf »Knopfdruck« automatisch alle 45-Grad-Trendlinien anzeigen. So eine Funktion ist insbesondere deswegen sehr praktisch und effizient, da wir häufig die Darstellungsparameter (insbesondere die Boxgröße) ändern und nicht jeweils von Hand alle Trendlinien mühsam neu einzeichnen müssen.

Parametrisierung und 45-Grad-Trendlinien

Anhand einiger Chartbeispiele der Lanxess-Aktie wollen wir verstehen, welche Auswirkungen die Veränderung der Point & Figure-Parameter auf die 45-Grad-Trendlinien haben können. Wie wir bereits gesehen haben, spielen bei der Darstellung die Parametrisierung (oder Filterung) durch die Boxgröße, die Umkehrgröße und die Reduktion der Kursdaten auf Schlusskurse die größte Rolle. Bei kurzfristigen Darstellungen, die den Trader interessieren, ist zudem die Verfügbarkeit von Intraday-Kursdaten essenziell.

Wie verhalten sich nun Trendlinien bei Veränderung der Point & Figure-Parameter?

Wir bleiben dabei im methodischen Handlungsrahmen der 3er-Umkehr. Dass sich durch Veränderung der Umkehrgröße deutlich neue Chartbilder ergeben, ist uns bereits bekannt.

Ebenso ist es offensichtlich, dass die Boxgröße auch im Hinblick auf die Trendlinien eine große Rolle spielt, denn wir hatten bereits postuliert, dass ein 45-Grad-Winkel mindestens einen Anstieg von einer Boxgröße pro Umkehr bedeutet. **Die Sensitivität der Trendlinie ist eine direkte Funktion der Boxgröße.**

Verfolgen wir daher am Beispiel den Einfluss der verwendeten Kursdaten und der logarithmischen Skalierung auf die sich ergebenden Trendlinien.

Als Startpunkt wählen wir eine eher langfristige Darstellung der Lanxess-Aktie.

Abbildung 32: Lanxess, WKN 547040, Stand 23.8.2013, Xetra; P&F-Parameter: Box 1,0 absolut, Umkehr 3, High-Low-Trendfolge, Tagesdaten (OHLC)

Betrachten wir einige markante Strukturen. Ein Aufwärtstrend seit Anfang 2009 (A) wurde Mitte 2012 gebrochen. Es folgt ein Abwärtstrend (B), bevor Trendlinie (C) einen neuen Aufwärtstrend signalisiert. Dieser läuft etwas »unrund« und wird erneut unterbrochen, bevor schließlich ein Mehrjahreshoch erreicht wird. Der Bruch führt zu einem neuen Abwärtstrend (D), der noch intakt ist. Merken wir uns hier insbesondere den Bruchpunkt. Ein komplettes O-Kästchen ohne Berührung wurde bei Box »61,00 Euro« erzeugt.

Ändern wir zunächst den Algorithmus auf »Close«, sodass wir nur die Tagesschlusskurse betrachten. Wie erwartet zieht sich das Point & Figure-Chart aufgrund der Datenreduktion bei ausschließlicher Verwendung von Schlusskursen deutlich zusammen.

Abbildung 33: Lanxess, WKN 547040, Stand 23.8.2013, Xetra; P&F-Parameter: Box 1,0 absolut, Umkehr 3, Schlusskurse, Tagesdaten (nur Schlusskurse)

Die Trendlinien A, B, C und D sind weiterhin vorhanden. Tatsächlich ist die Unterbrechung der Aufwärtsbewegung C verschwunden. Doch insgesamt liegt das Kursgeschehen nun noch weiter von den Trendlinien entfernt. Wir werden im nächsten Unterkapitel darauf eingehen, wie wir durch sogenannte interne Trendlinien die Analyse diesbezüglich verbessern können. Dennoch sind durch weiter entfernte Trendlinien auch die Handelssignale deutlich später zu erwarten. Betrachten wir den letzten Bruchpunkt zur Abwärtstrendlinie D: Dieser erfolgte hier erst bei Erreichen der Box »55,00 Euro«.

Setzen wir nun die Parameter auf Prozentberechnung – entsprechend einer logarithmischen Skalierung –, aber behalten die ursprüngliche High-Low-Einstellung bei. In beiden Fällen werden die Tagehöchst- und Tagestiefstkurse verwendet.

Abbildung 34: Lanxess –, WKN 547040, Stand 23.8.2013, Xetra; P&F-Parameter: Box 2,0 Prozent Umkehr 3, High-Low-Trendfolge, Tagesdaten (OHLC)

Eine Darstellung mit 2,0 Prozent Boxgröße entspricht bei einem aktuellen Kurs zum Stichtag der Charterstellung mit knapp 49 Euro in etwa 0,98 Euro pro Box. Dies ist nur eine geringe Abweichung zum Chart in Abbildung 32, das den Kurs mit einer absoluten Boxgröße von 1,0 Euro darstellt. Daher ist es auch nicht weiter überraschend, dass der rechte Teil des Chartbildes sehr ähnlich aussieht und die Trendlinienstruktur C und D ähnlich verläuft. Wenn wir jedoch auf Trendlinie A schauen, so erkennen wir einen deutlichen Unterschied. Die Trendlinie A wurde nun in mehrere Teile aufgebrochen. Das muss nicht schlecht sein, denn die Trendlinien A-1 bis A-3 liegen nun deutlich enger am Kursgeschehen. Sie wurden mehrfach angelaufen und haben den Aufwärtstrend gestützt. Im Ergebnis sind diese Trendlinien sehr signifikant. Dies war nicht der Fall in unserer ersten Betrachtung der Lanxess-Aktie. Der Kurs hat eine große Dynamik über den dargestellten Zeitraum an den Tag gelegt (etwa Verdreifachung des Kurses). Die logarithmische Skalierung passt sich hier dynamisch an. Daher liegen Trendlinien häufig enger am Kursgeschehen.

Auch die Trendlinie C ist nun deutlich signifikanter. Dennoch zeigt sich in der aktuellen Lage, dass der Bruch, der zum neuen Abwärtstrend D führte, erst relativ spät mit der »54,83 Euro«-Box angezeigt wurde.

Wir merken uns:

1. Die Variation der Parameter hat einen deutlichen Effekt auf die Trendlinienkonstruktionen.

2. **Es lohnt sich, verschiedene Einstellungen zu betrachten.** Legen Sie sich nicht alleine auf Ihre »Lieblingsparamater«-Einstellungen fest. Suchen Sie diejenige Darstellung, die das Kursgeschehen insbesondere anhand von Trendlinien am besten widerspiegelt. Im Ergebnis werden auch die Handelssignale von besserer Qualität sein. Idealerweise unterstützt die Software die gleichzeitige Betrachtung eines Wertes in verschiedenen Chartfenstern (mit unterschiedlichen Parametereinstellungen).

3. **Schlusskurse ziehen das Point & Figure-Chart** aufgrund der größeren Datenreduktion **zusammen** und zeigen einen langfristigeren Trend im Vergleich zu High-Low-Charts.

Interne 45-Grad-Trendlinien

Betrachten wir noch einmal einen Ausschnitt aus dem Point & Figure-Chart von Lanxess mit den Einstellungen wie in Abbildung 32.

Der Kurs entfernt sich relativ schnell von der 45-Grad-Trendlinie A nach oben. Die Verkäuferdominanz sorgt für Rücksetzer, die nicht wieder an die stützende Aufwärtstrendlinie A heranreichen. Jedoch sieht es so aus, als ob wir eine parallel verschobene 45-Grad-Trendlinie über Trendlinie A zeichnen könnten, die mehrere Umkehrpunkte verbindet und somit eine signifikante Trendlinie darstellen könnte.

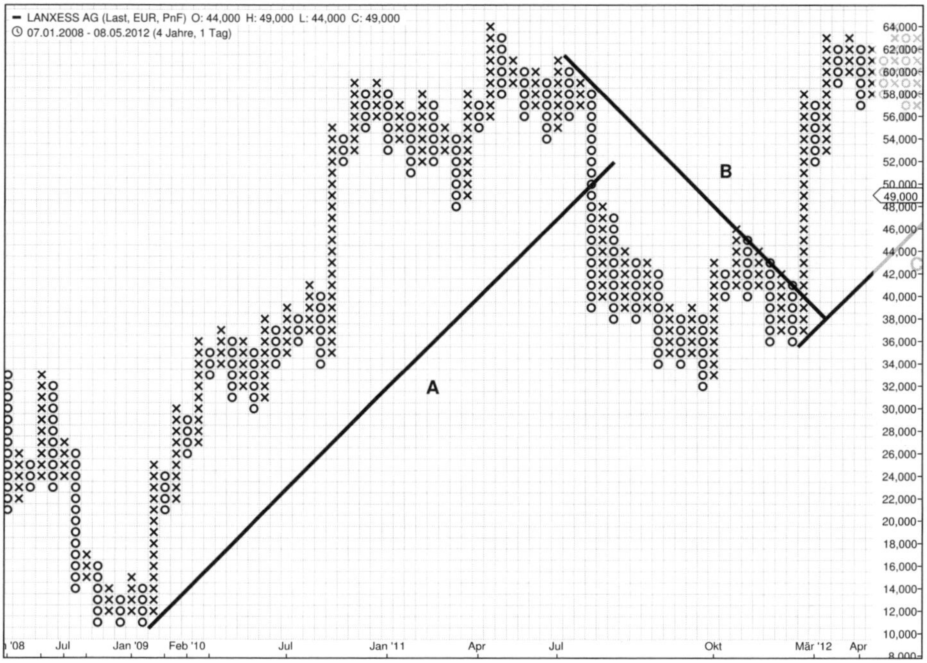

Abbildung 35: Lanxess, WKN 547040, Xetra; P&F-Parameter: Box 1,0 absolut, Umkehr 3, High-Low-Trendfolge, Tagesdaten (OHLC)

Genauso könnten wir im Falle der Abwärtstrendlinie B vorgehen. Auch hier scheint eine parallel verschobene Abwärtstrendlinie unter B gute Dienste zu leisten, um das Kursgeschehen zu beschreiben.

Definition

Zusätzliche, parallel verschobene 45-Grad-Trendlinien werden als interne Trendlinien bezeichnet (du Plessis 2012).

- Im Falle eines Aufwärtstrends zeigen interne Trendlinien weitere Unterstützung des Kursgeschehens an.
- Im Falle eines Abwärtstrends zeigen interne Trendlinien weiteren Widerstand zum Kursgeschehen an.

Betrachten wir das Chart nun mit zusätzlichen internen Trendlinien.

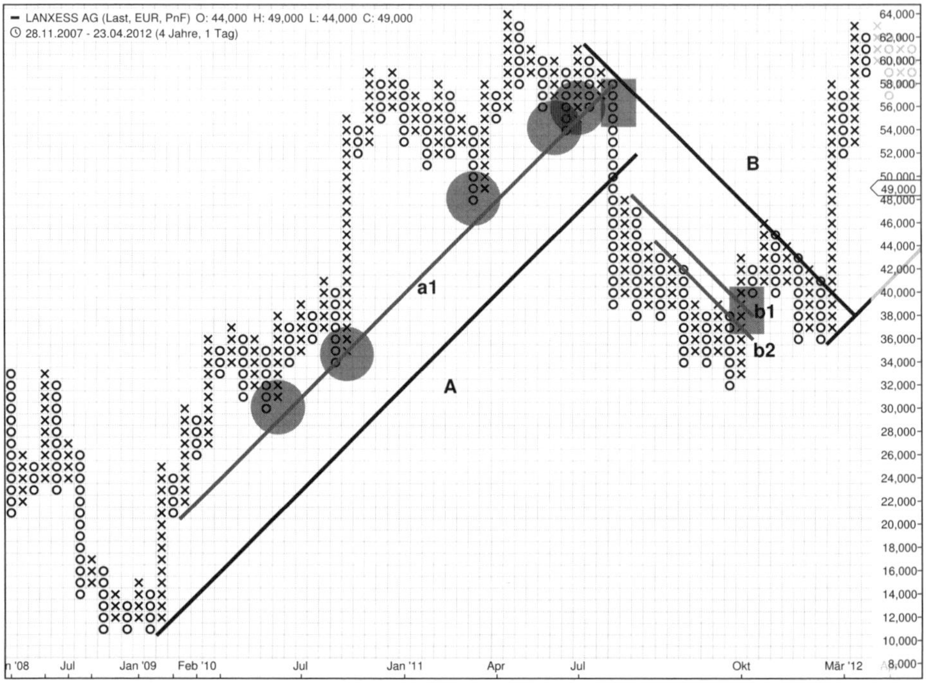

Abbildung 36: Lanxess, WKN 547040, Xetra; P&F-Parameter: Box 1,0 absolut, Umkehr 3, High-Low-Trendfolge, Tagesdaten (OHLC) – interne Trendlinien

Zur Aufwärtstrendlinie A gehört die interne Trendlinie a1. Sie hat viele Berührungs- oder Fast-Berührungspunkte (graue Kreise). Der Bruchpunkt am Ende der Linie a1 (graues Rechteck) ist daher bedeutsam und bereits ein klares, frühes Zeichen, dass sich hier eine Trendwende anbahnt, bevor es anschließend zum Bruch der Trendlinie A kommt.

Zur Abwärtstrendlinie B wurden die zwei internen Trendlinien b1 und b2 eingezeichnet. Dabei ist b2 jedoch bedeutsamer. Denn auch hier gibt es mehrere Berührungspunkte. Der Bruch von b2 ist signifikant. Die interne Trendlinie b1 ist hingegen nicht signifikant. Sie hat keinen weiteren Berührungspunkt außer dem linken Startkästchen (X-Säule), welches die Trendlinie definiert, und schließlich der Durchbruch-Säule am rechten Rand von b1.

Die Verwendung von internen Trendlinien folgt keinem objektiven Regelwerk, sie liegt im Ermessen des Betrachters und der Erfahrung des Analysten. Jedoch gilt – wenig überraschend – das Folgende:

Eine interne Trendlinie ist signifikant, wenn sie mehrere Berührungspunkte hat.

Wir suchen also im Falle des Abwärtstrends B möglichst nach signifikanten internen Trendlinien, da hier mit vermehrtem Widerstand zu rechnen ist und ein möglicher Trendbruch der internen Trendlinie ein signifikantes Ereignis wäre.

Finden wir keine signifikanten Linien, dann sollte auch keine in das Chart eingezeichnet werden. Es gilt die Regel: Weniger ist mehr.

Begrenzende Trendlinien und Trendkanäle

Es gibt noch eine weitere bekannte Variante der 45-Grad-Trendlinie.

Auch hier gehen wir von der objektiven 45-Grad-Aufwärtstrendlinie aus (engl. bullish support line) und zeichnen hierzu eine oder mehrere parallel verschobene weitere Aufwärtstrendlinien, die das Kursgeschehen möglichst signifikant *begrenzen* – im Gegensatz zu den internen Trendlinien, die das Kursgeschehen *unterstützen*. Es ergibt sich ein **Trendkanal**, der im 45-Grad-Winkel verläuft.

Definition

Die zu einer 45-Grad-Aufwärtstrendlinie parallele Trendlinie, die das Kursgeschehen nach oben eingrenzt, heißt begrenzende Aufwärtstrendlinie oder bullish resistance line.

Eine eindeutige Definition findet sich in der Literatur nicht (vgl. du Plessis 2012, Zieg/Weber 2003, Dorsey 2007). Es verhält sich vielmehr wie mit den internen Trendlinien. Nur wenn es eine oder mehrere signifikante begrenzende Trendlinien gibt, sollten sie auch eingezeichnet werden.

Entsprechend umgekehrt verhält es sich bei einem Abwärtstrend. Hier suchen wir eine tiefer liegende parallele Trendlinie, welche die Abwärtsbewegung nach unten begrenzt.

Definition

Die zu einer 45-Grad-Abwärtstrendlinie parallele Trendlinie, die das Kursgeschehen nach unten eingrenzt, heißt stützende Abwärtstrendlinie oder bearish support line.

Betrachten wir hierzu das folgende Chart. Die Trendkanallinien sind gestrichelt eingezeichnet.

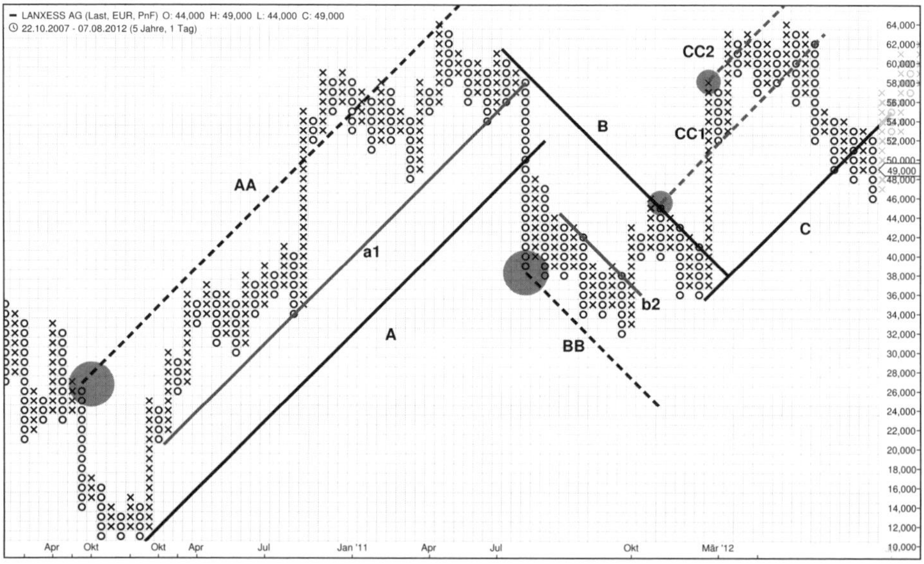

Abbildung 37: Lanxess, WKN 547040, Stand 23.8.2013, Xetra; P&F-Parameter: Box 1,0 absolut, Umkehr 3, High-Low-Trendfolge, Tagesdaten (OHLC) – Trendkanallinien

Es gibt zwar keine allgemeingültige Definition, jedoch **zwei gebräuchliche Ansätze**, um parallele Trendkanallinien zu finden. Im Falle der begrenzenden Aufwärtstrendkanallinie AA wurde nach links schauend die letzte signifikante O-Säule betrachtet und von deren Hochpunkt ausgehend die 45-Grad-Linie eingezeichnet (grauer Kreis). Auch wenn die Linie AA zwischenzeitlich nach oben durchbrochen wurde, so hat sie doch mehrere Berührungspunkte und gibt Orientierung. Alternativ käme auch noch die linke benachbarte O-Säule als Startpunkt in Frage. Es gibt wie gesagt für diese Trendliniendefinition keine objektive Regel.

Im Falle des Abwärtstrends B wurde die stützende Abwärtstrendlinie BB vom Tief derjenigen O-Säule ausgehend eingezeichnet, die zum Trendbruch führte (grauer Kreis). Auch hier ergeben sich weitere (Fast-)Berührungspunkte, sodass die Linie BB als untere Trendkanallinie dient.

Im Falle des folgenden Aufwärtstrends C funktioniert jedoch weder die Linie CC1 – nach der oberen Methode von einer links liegenden signifikanten O-Säule ausgehend – noch die Linie CC2 – vom Hoch derjenigen X-Säule ausgehend, die zum Trendbruch führte.

Immerhin haben wir mit der Linie CC1 eine signifikante interne Trendlinie gefunden, denn sie stützt das Kursgeschehen in der Folge mehrfach erfolgreich.

Finden wir jedoch keine signifikanten Linien, dann sollte auch keine in das Chart eingezeichnet werden (die Linie CC2 wäre beispielsweise überflüssig und wäre zu löschen). Es gilt auch hier die Regel: Weniger ist mehr.

3.6 Handelsregeln und Trendlinien

Für die Arbeit zur Feststellung des Trends anhand von 45-Grad-Trendlinien und die Lokalisierung und Prognose wichtiger Ereignisse wie »Bruch« und »Abprall« von der Trendlinie haben wir natürlich handfeste Gründe.

Denn dies gibt uns ein Gerüst für das Handeln des zugrunde liegenden Finanzinstrumentes.

Es gelten folgende Grundregeln:

- Point & Figure-Kaufsignale über der Aufwärtstrendlinie können genutzt werden, um Long-Positionen einzugehen oder auszubauen.
- Point & Figure-Verkaufssignale unter der Abwärtstrendlinie können genutzt werden, um Short-Positionen einzugehen oder auszubauen.
- Point & Figure-Verkaufssignale über der Aufwärtstrendlinie können genutzt werden, um Long-Positionen abzubauen oder aufzulösen – aber nicht, um aktiv short zu gehen. Der Trendbruch ist abzuwarten.
- Point & Figure-Kaufsignale unter der Abwärtstrendlinie können genutzt werden, um Short-Positionen abzubauen oder aufzulösen – aber nicht, um aktiv long zu gehen. Der Trendbruch ist abzuwarten.

Natürlich hängt vieles davon ab, in welchen Parametereinstellungen wir uns bewegen.

Wer beispielsweise langfristig investiert ist (long), der sucht den Aufwärtstrend und die Kaufsignale auch primär im langfristigen Point & Figure-Chart mit größeren Boxen. Wenn nun die Boxgröße deutlich reduziert wird, so wird in diesem kurzfristigeren Chartbild der Wert irgendwann in einem Abwärtstrend liegen, obwohl im langfristigen Chart der Aufwärtstrend nicht gebrochen ist. Doch der Investor wird hier nicht verkaufen, sondern eher den Bruch des kurzfristigen Abwärtstrends abwarten und das erste Kaufsignal in dem folgenden neuen kurzfristigen Aufwärtstrend nutzen, um hier die Long-Position ausbauen.

Wir betrachten die praktische Vorgehensweise an zahlreichen Beispielen im späteren Kapitel 6 »Anwendung in der Praxis«.

Weitere wesentliche Strukturen, die Point & Figure-Chart-Muster, liefern uns die oben erwähnten Kauf- und Verkaufssignale. Dies ist das Thema des folgenden Kapitels.

3.7 Workshop

Aufgabe A: Frage & Antwort

Zu subjektiven Trendlinien allgemein:

1. Kann ein Primärtrend trendlos sein?

2. Was ist eine »vorläufige Trendlinie«?

3. Was zeichnet eine signifikante Trendlinie aus?

4. Welche Fallen lauern bei der Chartanalyse mittels Trendlinien?

Aufgabe B: Chartanalyse

Zu Trendlinien allgemein:

Betrachten Sie den folgenden Ausschnitt des bereits vorgestellten langfristigen Charts des DAX mit subjektiven Trendlinien erneut. Beschreiben Sie die Signifikanz der Trendlinien (3) und (4).

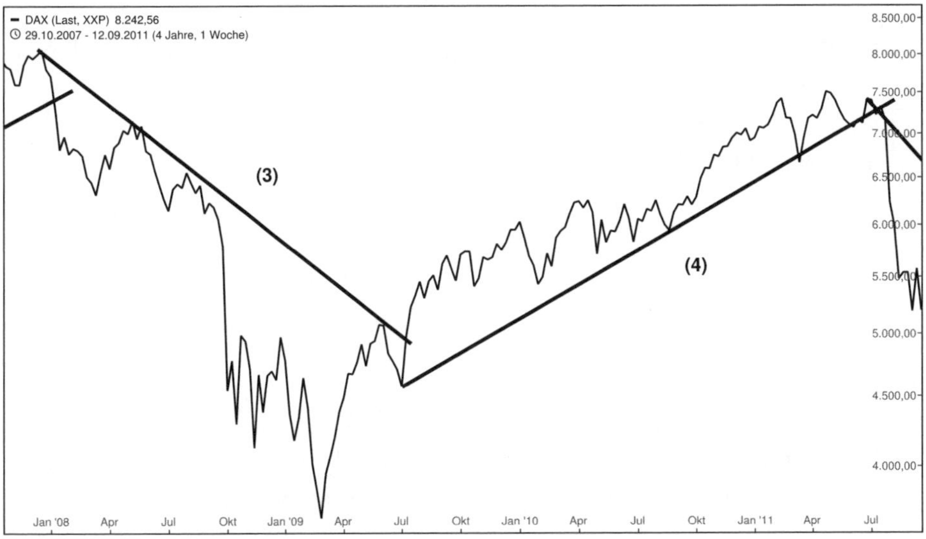

Abbildung 38: DAX, WKN 846900, Januar 2008 bis Juli 2011, Xetra-Daten, Linienchart mit Wochenschlusskursen

Aufgabe C: Frage & Antwort

Zu 45-Grad-Trendlinien:

1. Gibt es einen Seitwärtstrend bei Point & Figure?

2. Zwei erfahrene Analysten haben jeweils dasselbe Point & Figure-Chart vor sich und zeichnen unabhängig voneinander die 45-Grad-Trendlinien ein. Unterscheidet sich das Ergebnis?

3. Wann bleibt eine 45-Grad-Trendlinie unverändert?

   a) Umkehrgröße wird verändert

   b) Boxgröße wird verändert

   c) Skalierung wird zwischen absolut und prozentual (logarithmisch) geändert

   d) Statt Schlusskursen wird der High-Low-Trendfolge-Algorithmus verwendet

e) Statt High-Low-Trendfolge-Algorithmus wird der Low-High-Trendumkehr-Algorithmus verwendet

4. Was zeichnet eine signifikante 45-Grad-Trendlinie aus?

Aufgabe D: Chartanalyse

Zu 45-Grad-Trendlinien:

Zeichnen Sie alle korrekten 45-Grad-Trendlinien ein. Wir betrachten den DAX im kurzfristigen Kursgeschehen mit Tagesdaten. Gegeben ist eine erste 45-Grad-Aufwärtstrendlinie, die Ende 2012 gebrochen wurde.

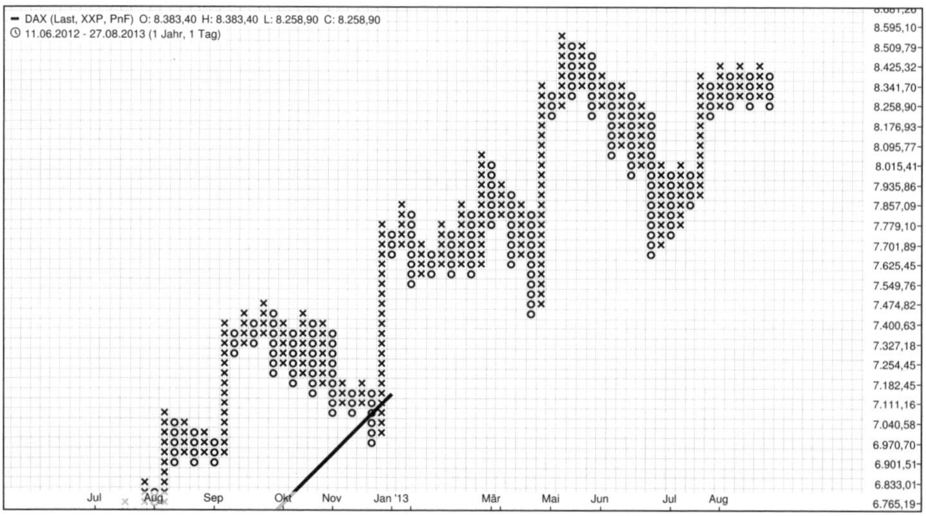

Abbildung 39: DAX, WKN 846900, Stand 27.8.2013, Xetra; P&F-Parameter: Box, 0,5 Prozent, Umkehr 3, High-Low-Trendfolge, Tagesdaten (OHLC)

Aufgabe E: Chartanalyse

Zu 45-Grad-Trendlinien:

Wir betrachten den Kurs der Siemens-Aktie im kurzfristigen Kursgeschehen mit Tagesdaten. Der dargestellte Zeitraum ist etwa März 2013 bis Juli 2013. Gegeben sind die 45-Grad-Aufwärtstrendlinien A, B und C.

- Zeichnen Sie signifikante interne Trendlinien ein.
- Zeichnen Sie ebenfalls die begrenzenden Trendlinien (Bullish-resistance-Linien und Bearish-support-Linien) ein und bewerten Sie diese.

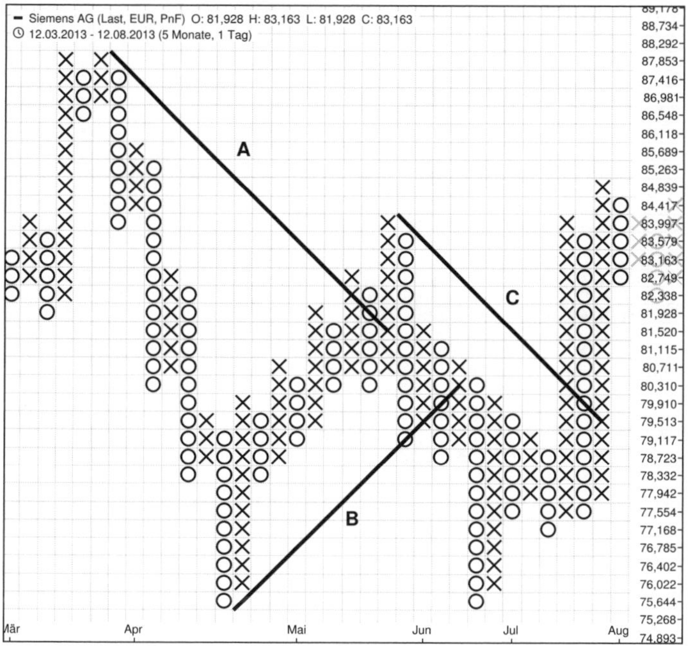

Abbildung 40: Siemens, WKN 723610, Xetra; P&F-Parameter: Box 0,5 Prozent, Umkehr 3, High-Low-Trendfolge, Tagesdaten (OHLC)

4. Muster und Signale

Eine wesentliche Eigenschaft von Point & Figure kommt hier erneut zum Tragen: Alle Muster sind objektiv und eindeutig. Zwei verschiedene Point & Figure-Analysten kommen zum gleichen Ergebnis – unter der Annahme, dass für ein Chart dieselben Darstellungsparameter gewählt wurden.

Die Grundlage für jedes P&F-Werkzeug, egal ob Trendlinie, Muster oder Kurszielbestimmung, ist die Wahl einer geeigneten Darstellung des Kursgeschehens. Einige Standard-Setups wurden bereits vorgestellt. Wenn wir beispielsweise eine große Boxgröße wählen und im Ergebnis das Kursgeschehen über mehrere Jahre vor uns sehen, so verfolgen wir bei den Mustern und Handelssignalen auch langfristige Ziele. Als kurzfristig orientierte Trader interessieren uns hingegen Signale, die wir beispielsweise im Tagesverlauf nutzen können.

4.1 Zusammenfassung

Point & Figure-Muster sind symmetrisch: Für jedes Muster, das ein Kaufsignal generiert, gibt es ein entsprechendes symmetrisches Muster, welches ein Verkaufssignal generiert. Muster können prinzipiell sowohl bei einer fortgesetzten Trendbewegung als auch bei einer Trendumkehr vorkommen.

Alle Muster basieren auf dem Grundmustertyp des einfachen Kaufsignals (Doppel-Top) oder des einfachen Verkaufssignals (Doppel-Boden). Wichtige Grundmuster bei der 3-Box-Umkehr sind: Doppel-Top und Doppel-Boden, Dreifach-Top/-Boden, gespreiztes Dreifach-Top/-Boden, das Katapult und der Stab. Komplexere Strukturen wie Dreiecke oder Stauzonen sind ebenfalls von Bedeutung.

Nicht jedes Muster, das ein Verkaufs- oder Kaufsignal liefert, muss gehandelt werden. »Starke Signale handeln, schwache Signal meiden« ist die Devise. Trendfolger werden zudem nur Kaufsignale über einer Aufwärtstrendlinie und Verkaufssignale unter einer Abwärtstrendlinie handeln. Ein Stoppsignal liegt immer eine Box unter dem Ausgangspunkt der Säule, die das Handelssignal lieferte.

Wenn ein Point & Figure-Chart als letztes auftretendes Signal ein einfaches Kaufsignal hat, so wird es als bullish bezeichnet. Ansonsten wird es als bearish bezeichnet. Der Bullish Percent Index ist ein auf Point & Figure basierter Marktindikator. Der Indikator berechnet für einen Index den Prozentwert der Anzahl der Aktien, die zuletzt ein einfaches Point & Figure-Kaufsignal geliefert haben.

Einführungs-Chart

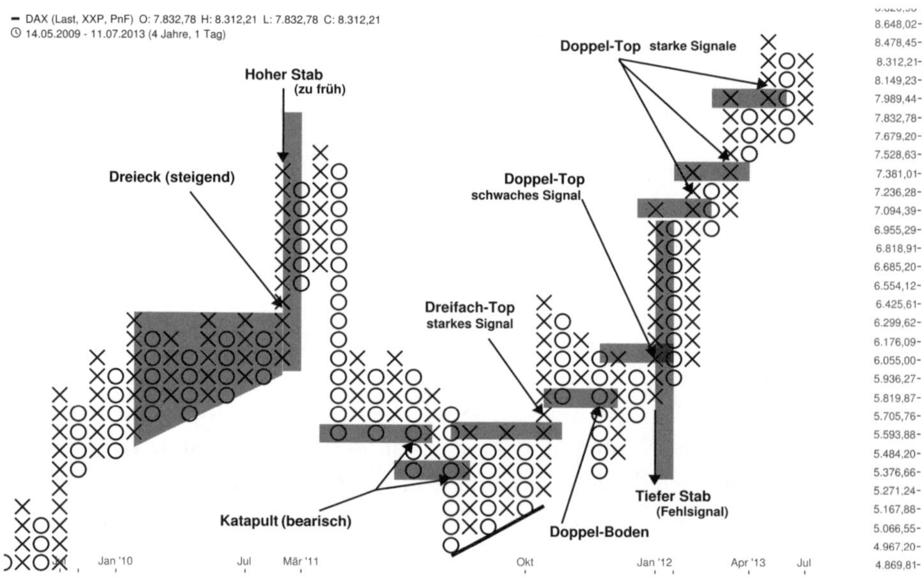

Abbildung 41: DAX, WKN 846900, Xetra-Daten, Stand 4.9.2013, Xetra; P&F-Parameter: Box 2,0 Prozent, Umkehr 3, High-Low-Trendfolge, Tagesdaten (OHLC)

4.2 Grundmuster und einfaches Signal

Wir gehen im Folgenden von einer Darstellung mit 3-Box-Umkehr der Point & Figure-Charts aus, falls nicht anders angegeben. Die vorgestellten Muster, Signale und Regeln gelten im Prinzip auch für andere Umkehrgrößen wie

2-Box-Umkehr. Lediglich bei der 1-Box-Umkehr gibt es – auch historisch bedingt – eine Reihe von wesentlichen Unterschieden.

Alle Point & Figure-Muster ergeben sich durch Betrachtung von aufeinanderfolgenden X- und O-Säulen. Um die Aussage eines Musters zu verstehen, bedenken Sie immer:

- Eine X-Säule zeigt eine ununterbrochene Aufwärtsbewegung an. Die Nachfrage überwiegt das Angebot. Die Käufer dominieren die Verkäufer.

- Eine O-Säule zeigt eine ununterbrochene Abwärtsbewegung an. Das Angebot überwiegt die Nachfrage. Die Verkäufer dominieren die Käufer.

Für alle Point & Figure-Muster gilt:

- Alle Muster sind symmetrisch: Für jedes Muster, das ein Kaufsignal generiert, gibt es ein entsprechendes symmetrisches Muster, welches ein Verkaufssignal generiert.

- Das Muster kann sich durch Modifikation der Darstellungsparameter (Boxgröße, Umkehr, Datenquelle) verändern.

- Alle Muster basieren auf dem Grundmustertyp des einfachen Kaufsignals oder einfachen Verkaufssignals.

- Ein Muster, das ein Verkaufs- oder Kaufsignal liefert, muss nicht gehandelt werden. Es gibt schwache und starke Signale. Schwache Signale werden nicht gehandelt.

- Alle Muster können sowohl bei einer fortgesetzten Trendbewegung als auch bei einer Trendumkehr vorkommen.

Der letzte Punkt ist vor allem für die Leser zu beachten, die sich mit Mustern aus der klassischen Charttechnik beschäftigen. Denn die dort häufig angewandte Klassifikation in Umkehrformationen und Fortsetzungsformationen (vgl. z.B. Murphy 2011) gibt es bei Point & Figure nicht.

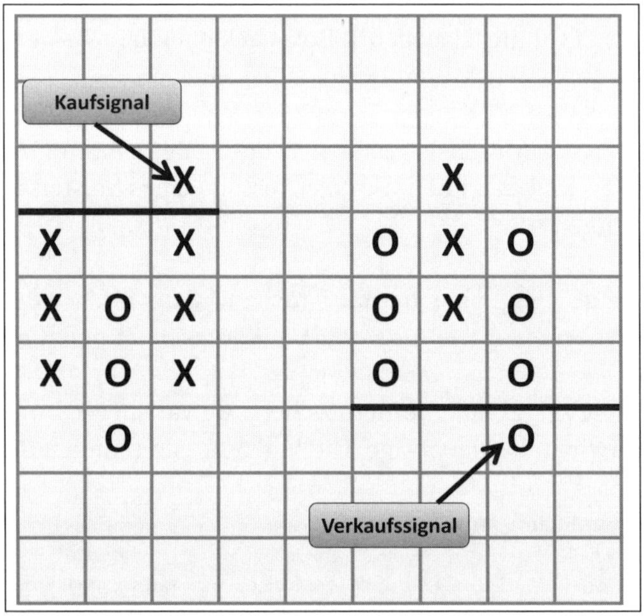

Abbildung 42: Das einfache Kaufsignal und das einfache Verkaufssignal

Das einfache Kaufsignal

Das einfache Kaufsignal (engl. single buy) wird auch als Doppel-Top (engl. double-top) bezeichnet.

Eine X-Säule steigt über die vorige X-Säule. Ein Kaufsignal wird generiert, sobald ein X über dem höchsten X der vorigen Säule gezeichnet werden kann. Es muss sich dabei um zwei benachbarte X-Säulen handeln.

Warum ein Kaufsignal? Zunächst war der Kurs in einer Aufwärtsbewegung (X-Säule). Die Nachfrage hat das Angebot überstiegen. Es folgte eine Gegenbewegung (O-Säule), der eine neue Aufwärtsbewegung (rechte X-Säule) nachfolgte. Diese X-Säule kann nun weiter ansteigen, als es zuvor der Fall war. Ein neues lokales Preishoch wird gebildet. Die Nachfrage ist stärker geworden im Vergleich zur vorigen X-Säule. Die Prognose lautet nun, dass diese Tendenz der verstärkten Nachfrage sich fortsetzt. Daher wird das Muster als Kaufsignal interpretiert.

Das einfache Verkaufssignal

Das einfache Verkaufssignal (engl. single sell) wird auch als Doppel-Boden (engl. double-bottom) bezeichnet.

Eine 0-Säule fällt unter die vorige 0-Säule. Ein Verkaufssignal wird generiert, sobald ein 0 unter das tiefste 0 der vorigen Säule gezeichnet werden kann. Es muss sich dabei um zwei benachbarte 0-Säulen handeln.

Wenn ein Point & Figure-Chart als letztes auftretendes Signal ein einfaches Kaufsignal hat, so wird es als bullish bezeichnet. Wenn ein Point & Figure-Chart als letztes auftretendes Signal ein einfaches Verkaufssignal hat, so wird es als bearish bezeichnet. Es gibt nur diese beiden Möglichkeiten. Eine neutrale Position existiert aus Sicht der Point & Figure-Muster und -Signale nicht.

So wie es bei der 45-Grad-Trendlinie nur zwei Möglichkeiten gibt, Auf- oder Abwärtstrend, so positioniert die P&F-Methode auch das Chart bezüglich der Muster eindeutig.

Für jede Aktie in einem Index lässt sich beispielsweise eindeutig der Zustand (bearish oder bullish) bestimmen. Das Ergebnis in Prozent ausgedrückt ergibt den sogenannten Bullish Percent Index, welcher den Zustand des Marktes beschreibt. Wir gehen später noch genauer darauf ein.

Jedoch handelt es sich dabei lediglich um ein Signal in Bezug auf die jüngste Vergangenheit – und nicht etwa um eine Handelsregel! In der Gesamtanalyse kann ein letztes einfaches Kaufsignal (also ein bullishes Chart) auftreten, und dennoch notiert der Wert deutlich im Abwärtstrend.

4.3 Variationen des Grundmusters

Alle Muster basieren letztlich auf dem Grundmustertyp des einfachen Kaufsignals oder des einfachen Verkaufssignals.

Dreifach-Muster

Dreifach-Top (engl. triple top)

Eine Verstärkung des einfachen Kaufsignals ergibt sich, wenn der Ausbruch zu einem neuen lokalen Hoch nach einigen gescheiterten Versuchen erfolgt. Der Markt hat sich nun noch deutlicher für eine Aufwärtsbewegung und steigende Nachfrage entschieden.

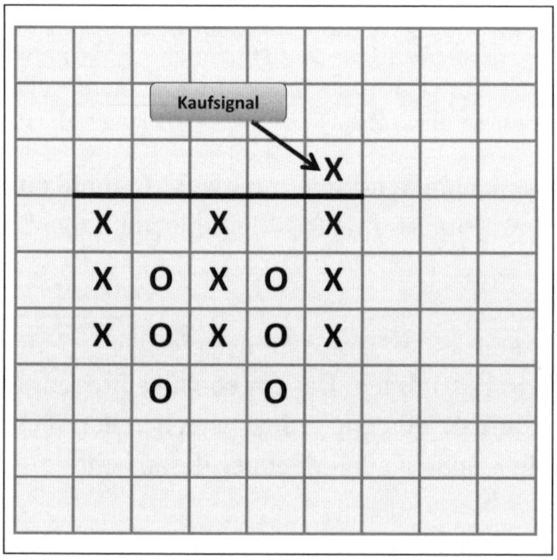

Abbildung 43: Das Dreifach-Top (triple buy)

Nach zwei Fehlschlägen mit Gegenbewegungen ist es nun den Käufern gelungen, die Aufwärtsbewegung nach oben fortzusetzen.

Dreifach-Boden (engl. triple bottom)

Das Signal ist die symmetrische Entsprechung zum Dreifach-Top in Verkaufsrichtung.

Gespreiztes Dreifach-Top (engl. spread triple top)

In der Praxis finden sich häufig auch Variationen eines perfekten Musters. Wir sprechen dann auch von einem Verbundmuster.

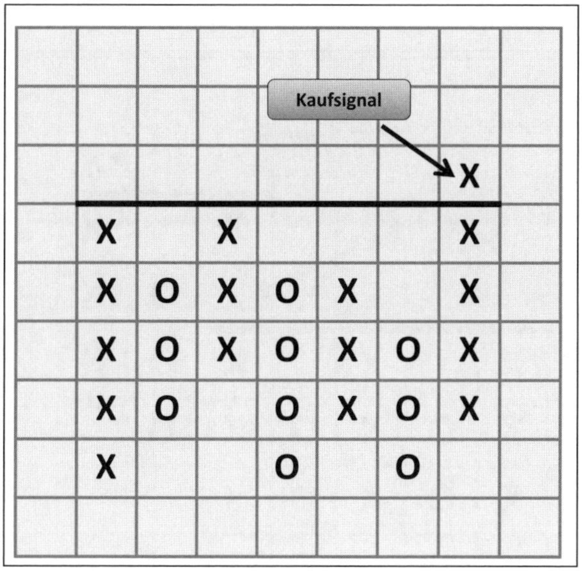

Abbildung 44: Das gespreizte Dreifach-Top (spread triple buy)

Bevor der Ausbruch durch eine dritte X-Säule über ein zweifaches Hoch erfolgt, kann es auch Zwischenbewegungen geben. Dennoch ist die Marktbalance deutlich gekippt. Entscheidend ist, dass die Hochs noch nahe genug am aktuellen Kursgeschehen liegen, um als Referenzpunkt präsent zu sein, sodass der Ausbruch nach oben signifikant ist. Es gibt daher weitere Variationen des Dreifach-Top-Verbundmusters neben dem abgebildeten Muster.

Gespreizter Dreifach-Boden (engl. spread triple bottom)

Das Signal ist die symmetrische Entsprechung zum gespreizten Dreifach-Top in Verkaufsrichtung.

Katapult (engl. catapult)

Ein Dreifach-Top gefolgt von einem Doppel-Top wird als bullishes Katapult bezeichnet. Ein Dreifach-Boden gefolgt von einem Doppel-Boden wird als bearishes Katapult bezeichnet.

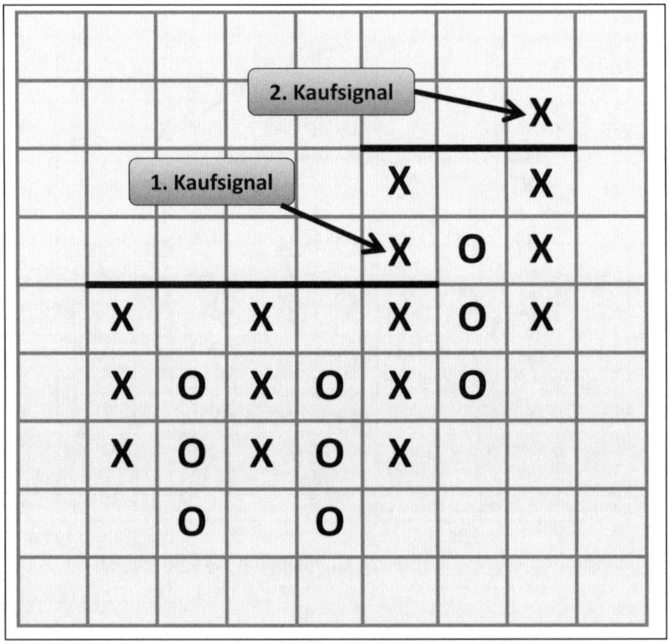

Abbildung 45: Das bullishe Katapult (bullish catapult)

Ein Katapult ist ein starkes Signal. Nach einem Dreifach-Top – was an sich schon Stärke der Käufer signalisiert – folgt ein weiteres einfaches Kaufsignal (Double-Top). Das zweite Kaufsignal bestätigt das erste Kaufsignal. Die Voraussetzung ist jedoch, dass die letzte Gegenbewegung (die rechte O-Säule) im Tief nicht unter der vorigen Gegenbewegung endete.

Betrachten wir ein Chartbeispiel.

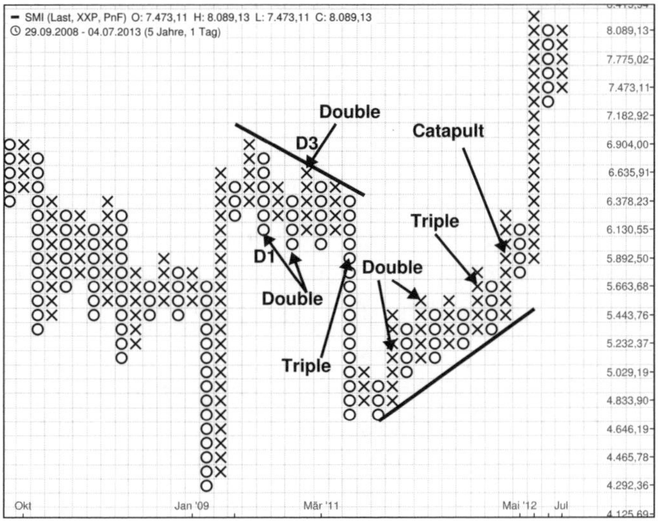

Abbildung 46: SMI (Swiss Market Index), WKN 969000, 30.8.2013, P&F-Parameter: Box 2,0 Prozent, Umkehr 3, High-Low-Trendfolge, Tagesdaten (OHLC)

Mit einer Boxgröße von 2 Prozent erfassen wir im Chart den SMI über mehrere Jahre. Betrachten wir zunächst die Muster von links nach rechts. Wir beginnen die Betrachtung nach der starken X-Säule in der Bildmitte. Die Aufwärtsbewegung hatte sich erschöpft und eine Trendumkehr ausgebildet. Es entwickelten sich zuerst zwei einfache Verkaufssignale (Doppel-Tops, im Chart kurz als »Double« bezeichnet). Nach dem zweiten Doppel-Top ergab sich jedoch noch einmal ein einfaches Kaufsignal (D3). Eine widersprüchliche Situation. Zum Umgang mit diesem Kaufsignal kommen wir in Kürze, denn es handelt sich um ein schwaches Signal. Doch der folgende Dreifach-Boden (Triple) schafft Klarheit. Die Verkäufer sind dominant, und der Markt fällt.

Nach einer Bodenbildung im Sommer 2011 bildet sich das erste Kaufsignal aus (Doppel-Top), gefolgt von einem weiteren Doppel-Top. Strukturell fast spiegelbildlich zur vorigen Trendumkehr folgt auch hier ein bestätigendes Dreifach-Top (Triple). Noch stärker zeigt das direkt darauf folgende Doppel-Top, wohin die Reise geht: Die Kombination von Dreifach-Top, direkt gefolgt von einem Doppel-Top, ergibt ein bullishes Katapult (Catapult).

Starke und schwache Signale

Betrachten wir erneut die Abbildung 46. Neben den Mustern wurden auch zwei Trendlinien eingezeichnet. Es sind keine 45-Grad-Trendlinien, sondern es geht uns hier darum, aufzuzeigen, ob die erkannten Muster starke oder schwache Signale liefern.

Die linke Trendlinie weist abwärts. Die X-Säulen steigen immer geringer an. Somit sind die Verkaufssignale (zweimal Double und einmal Triple) stark. Die Käufer können die vorigen hohen Kursniveaus nicht mehr erneut erreichen. Die Schwäche der Käufer stärkt die Verkaufssignale.

Das Fehlsignal D3 ist hingegen schwach. Hierzu betrachten wir die Historie, ausgehend von der X-Säule mit dem Signal D3. Das einfache Kaufsignal wurde unterhalb einer dominierenden links liegenden O-Säule gebildet (D1). Ebenso hatte die direkt links daneben liegende X-Säule einen höheren Hochpunkt. Das einfache Kaufsignal D3 hat zu keinem neuen signifikanten Hoch geführt und ist daher schwach.

Regel

Wenn das einfache Kauf- oder das einfache Verkaufssignal innerhalb – also zwischen dem Start- und dem Endpunkt – einer links liegenden dominanten Säule gebildet wird und nicht durch stützende Trendlinien in Signalrichtung bestätigt wird, so ist es ein schwaches Signal.

Diese Regel ist durchaus interpretierbar. Wie weit entfernt darf sich die lange, dominante Säule befinden? Es gibt hier keine eindeutige Antwort. Wir werden in den folgenden Chartbeispielen jedoch immer wieder auf starke und schwache Signale im Kontext eingehen.

Im weiteren Verlauf des Jahres 2011 gelingt die Rückkehr in den Aufwärtstrend. Sämtliche bullishen Muster liefern starke Kaufsignale. Die Gegenbewegungen (O-Säulen) fallen immer schwächer aus, der Index setzt immer weniger zurück, wie auch die steigende Trendlinie aufzeigt.

In der Literatur werden die vorgestellten Grundmuster auch manchmal noch weiter unterteilt, je nachdem, ob die Gegenbewegung ansteigt oder nicht. Man spricht im Allgemeinen von steigendem Boden (rising bottom) oder fallendem Top (declining top).

Komplexe Verbundsignale

Neben dem einfachen Signal, dem Dreifach-Muster und dem Katapult als Kombination der beiden gibt es noch weitere, komplexere Muster. Sie seien hier kurz vorgestellt. Ihre Interpretation ergibt sich weitgehend aus dem bisher Gesagten.

Stauzone (engl. congestion area) und Fulcrum

Es kann auch noch mehr als zwei (Doppel-Top) oder drei Versuche (Dreifach-Top) gegeben haben, ein Referenzhoch nach oben zu durchbrechen. Wir sprechen dann aber weniger von einem Mehrfach-Top (das in aller Regel auch gespreizt auftritt), sondern bezeichnen dies ganz allgemein als Stauzone (engl. congestion area), aus der nach mehrfachem Versuch der Ausbruch gelang. Das Widerstandsniveau ist durch die vielfachen Hochpunkte, die auf gleicher Boxhöhe liegen, gut definiert und klar zu erkennen. Ein Durchbruch ist daher für die Marktteilnehmer ein starkes Signal.

Eine Stauzone ist aber letztlich eine Seitwärtsbewegung und könnte auch durch einfache Signale (Doppel-Tops) Schritt für Schritt beendet werden.

Wenn die Stauzone nicht als »Pause« im Trend läuft (Trendfortsetzung), sondern die Umkehr des Trends bildet, dann wird sie auch als Fulcrum (engl. fulcrum) bezeichnet. Nun, aus der Zukunft zurückblickend ist dies natürlich leicht gesagt. Wenn sich daher aktuell bei einem Chartbild eine Stauzone ausbildet, so ist das Fulcrum genau genommen nur eine vermutete Trendumkehr. Man könnte auch »Umkehr in Arbeit« sagen. Die Auflösung steht aber noch aus.

Der Begriff Fulcrum (zu Deutsch etwa »Dreh- und Angelpunkt«) ist einer der ältesten im Zusammenhang mit 1-Box-Charts gebräuchlichen Termini.

Mit einer Boxgröße von 2 Prozent erfassen wir im Chart die SAP-Aktie über mehrere Jahre. Im Jahre 2009 hat der Trend gedreht. Zwei Linien zeigen die Begrenzung der Stauzone. Die starke Aufwärtsbewegung (1) nach dem Jahrestief zieht die Grenzen für das folgende Kursgeschehen. Erst ein Ausbruch bei (2) über das Hoch der Säule (1) löst die Stauzone auf. Alle Signale zwischen (1) und (2) sind schwache Signale. Die These, dass es sich bei (2) um eine Trendwende handelt, wird zudem durch die stützende steigende Trendlinie gestärkt: Die Gegenbewegungen (O-Säulen) fallen immer weniger. Eine Sequenz starker Kaufsignale ergibt sich in der Folge. Die Stauzone bestätigt sich daher als Fulcrum, da es sich um eine Trendumkehr handelt.

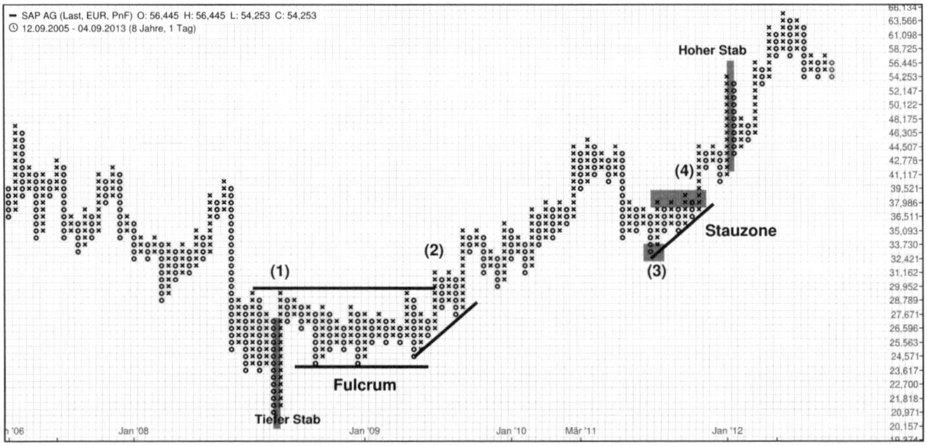

Abbildung 47: SAP, WKN 716460, 4.9.2013, P&F-Parameter: Box 2,0 Prozent, Umkehr 3, High-Low-Trendfolge, Tagesdaten (OHLC)

Betrachten wir eine weitere Stauzone. Sehr typisch wird das Muster durch eine lange Säule eingeleitet (hier durch eine O-Säule) und durch eine weitere lange Säule aufgelöst (X-Säule bei Punkt 4). Die Säule bei (3) dient als Referenzpunkt. Entscheidend ist auch hier die steigende Trendlinie, welche Druck nach oben anzeigt. Alle Wendepunkte liegen sukzessive höher. Doch erst mit der Auflösung durch ein starkes Katapult-Kaufsignal bei (4) ist die Stauzone beendet. Es handelt sich nicht um ein Fulcrum. Denn der Trend wurde mit der Auflösung der Stauzone nach oben fortgesetzt.

Natürlich gilt die Aussage, dass sich hier der Trend bestätigt hatte, aus langfristiger Perspektive mit der gewählten großen 2-Prozent-Box. Wenn wir die Boxgröße kleiner wählen, so kann die Abwärtsbewegung in Richtung Punkt (3) durchaus als mittelfristiger Abwärtstrend gelten. Zur Orientierung empfiehlt es sich daher, bei der kompletten Analyse durchgehend Point & Figure-45-Grad-Trendlinien einzuzeichnen, die, wie wir im vorigen Kapitel gelernt haben, zu einer objektiven Trendaussage führen.

Dreiecke (engl. triangles)

Es gibt zwei Grundstrukturen: symmetrische Dreiecke und Dreiecke, die sich gegen ein horizontales Kursniveau ausbilden. Im letzteren Fall kann es sich entweder um ein steigendes Dreieck oder um ein fallendes Dreieck handeln.

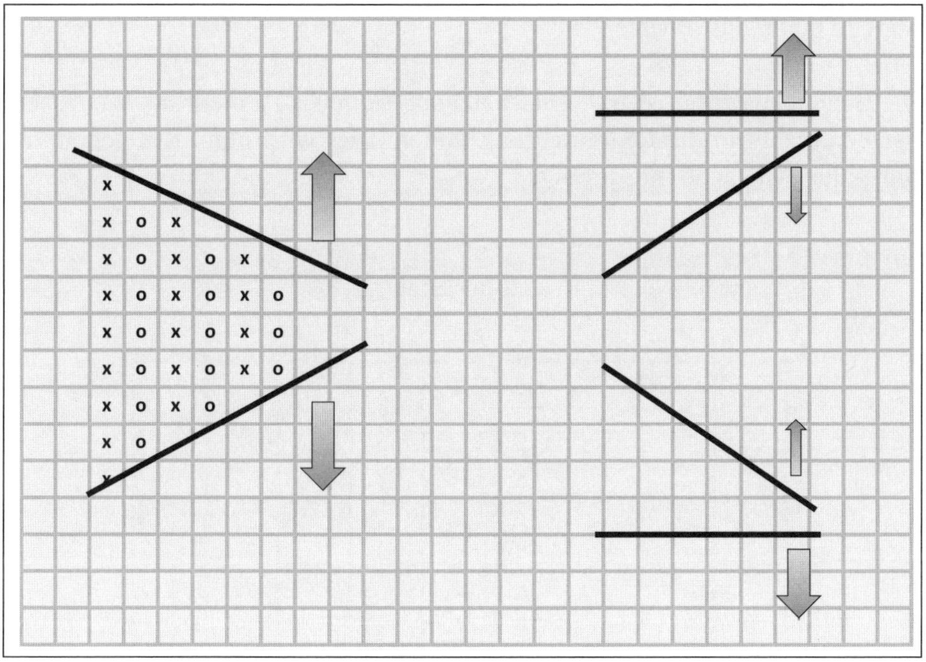

Abbildung 48: Dreiecke (triangle)

Alle Dreiecksmuster führen zum zwangsweisen Ausbruch, denn die Struktur konvergiert zunehmend. Das symmetrische Dreieck (links) hat keine bevorzugte Ausbruchsrichtung. Im Kontext eines Charts wird jedoch ein Trend existieren. Die Trendrichtung ist die prognostizierte Ausbruchsrichtung.

Rechts oben in der Abbildung ist ein steigendes Dreieck skizziert. Die bevorzugte Ausbruchsrichtung ist nach oben. Denn der Druck durch die ansteigenden Wendepunkte nimmt von unten, also von Käuferseite, ständig zu.

Umgekehrt verhält es sich beim fallenden Dreieck, das in der Abbildung rechts unten skizziert ist.

Stab (engl. pole)

Ein Stab ist ein Trendumkehrmuster. Auf eine sehr lange Säule folgt eine Gegenbewegung. Die lange Säule wird als Stab oder Mast bezeichnet (engl. pole) – man denke an Stabhochsprung (engl. pole vault). Die lange Säule muss mindestens 3 Boxen über dem letzten Hoch bzw. Tief liegen. Es gilt hier: Je mehr, desto besser.

Die Gegenbewegung ist nun entscheidend: Sie muss zu mehr als 50 Prozent der Boxanzahl in die Gegenrichtung laufen. Dies wird nun als Zeichen von nahender Schwäche interpretiert.

Hoher Stab

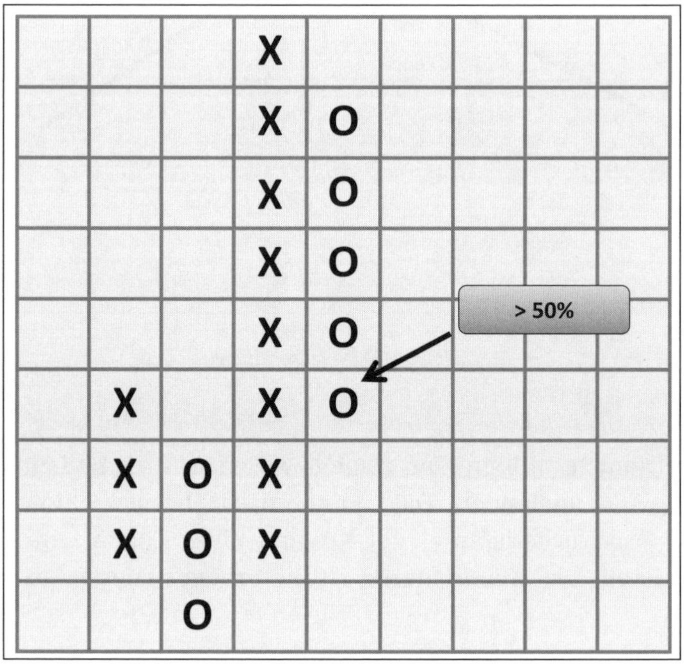

Abbildung 49: Hoher Stab (high pole)

Warum wird die Gegenbewegung als Schwäche interpretiert? Die Marktpsychologie stellt sich wie folgt dar: Ein steiler Kursanstieg, der sofort in eine stärkere Gegenbewegung übergeht, zeigt keine Unterstützung durch die Käufer – die ja noch kurz zuvor durch starke Nachfrage den Kurs nach oben bewegt haben. Vielmehr scheint nun verstärkt eine Fraktion der Marktteilnehmer als Verkäufer aufzutreten, die beispielsweise erzielte Gewinne mitnehmen.

Eine stabile Aufwärtsbewegung ist gekennzeichnet durch starke Anstiegsstrecken, die danach konsolidieren und beispielsweise Stauzonen ausbilden, jedoch nicht durch direkt gegenläufige starke Abwärtsstrecken, wie wir sie beim Stabmuster vorfinden.

Tiefer Stab

Das Signal ist die symmetrische Entsprechung zum hohen Stab in Verkaufsrichtung.

Beispiele:

In Abbildung 46 zeigt der SMI sehr deutlich einen tiefen Stab Anfang 2009. Die finale Abwärtsbewegung besteht aus 15 O-Boxen. In dem Moment, als die folgende X-Säule die achte Box vollendet hat, ist der tiefe Stab vollendet, und die Prognose einer möglichen Trendwende wird hier sehr früh gestellt. Diese frühe Erkennung ist ein Vorteil des Stabmusters. Jedoch zeigt sich auch, dass für die Entwicklung der Umkehr letztlich noch viel Zeit und Geduld notwendig war. Der Stab als Muster sollte daher als längerfristig gültiges Tendenzsignal betrachtet werden.

Betrachten wir erneut die Abbildung 47, so sehen wir im Chart der SAP-Aktie zwei markante Stabmuster. Zunächst ebenfalls ein tiefer Stab, der sich am Jahrestief 2008 ausgebildet hat. Das Signal hat funktioniert.

Ein hoher Stab rechts von (4) hat jedoch versagt. Nach der X-Säule folgte zwar eine O-Säule, die deutlich über 50 Prozent korrigierte, jedoch zu keiner Trendumkehr führte.

In der Praxis wird häufig noch zusätzlich verlangt, dass die Stabformationen eine gewisse Länge haben (beispielsweise mindestens 9 Boxen). Ein Blick auf die Kurshistorie gibt Hinweise über erfolgreiche Signale oder Fehlsignale in Abhängigkeit von der Stablänge.

Weitere Muster

In der Literatur finden sich hier und da noch weitere Point & Figure-Muster. Es handelt sich in aller Regel um Variationen des bisher Besprochenen oder um Strukturen, denen ein spezifischer Handelsansatz (trendfolgend vs. antizyklisch) zugrunde liegt.

Muster und Signale bei 1-Box-Umkehr

Wir fassen kurz einige wichtige Aspekte zur 1-Box-Umkehr zusammen.

Das einfache Kaufsignal kommt bei 1-Box-Charts zu häufig vor, als dass es für sich selbst bereits als aussagekräftige Struktur gelten kann. Das 1-Box-Grundmuster ist daher das Dreifach-Top beziehungsweise der Dreifach-Boden. Die Terminologie ist historisch bedingt jedoch unterschiedlich.

Ein Dreifach-Muster wird

- als **Semi-Katapult (semi-catapult)** bezeichnet, wenn es sich um eine Trendfortsetzung handelt;
- als **Fulcrum (fulcrum)** bezeichnet, wenn es sich um eine Trendumkehr handelt.

Der erfolgreiche Ausbruch aus einem Fulcrum wird als **volles Katapult (full catapult)** bezeichnet.

Es gibt nun weitere Typisierungen, wie genau beispielsweise die Trendumkehrmuster aussehen. Strukturen, die der technische Analyst von der klassischen Charttechnik kennt, wie Schulter-Kopf-Schulter-Formation, Flaggen, Keile usw. werden auch bei der 1-Box-Chartanalyse identifiziert.

Für eine Vertiefung der Thematik sei auf du Plessis (2012) verwiesen. Hier wird umfassend auf die Musteranalyse und Signalauswertung bei der Arbeit mit 1-Box-Umkehr-Point & Figure-Charts eingegangen.

4.4 Handelsregeln für Muster und Signale

Zunächst sollen die Handelsregeln in Verbindung mit Trendlinien wiederholt werden, denn wir haben im vorigen Kapitel bereits der Verbindung zu den Kauf- und Verkaufssignalen vorgegriffen.

- Point & Figure-Kaufsignale über der Aufwärtstrendlinie können genutzt werden, um Long-Positionen einzugehen oder auszubauen.
- Point & Figure-Verkaufssignale unter der Abwärtstrendlinie können genutzt werden, um Short-Positionen einzugehen oder auszubauen.
- Point & Figure-Verkaufssignale über der Aufwärtstrendlinie können genutzt werden, um Long-Positionen abzubauen oder aufzulösen – aber nicht, um aktiv short zu gehen. Der Trendbruch ist abzuwarten.
- Point & Figure-Kaufsignale unter der Abwärtstrendlinie können genutzt werden, um Short-Positionen abzubauen oder aufzulösen – aber nicht, um aktiv long zu gehen. Der Trendbruch ist abzuwarten.

Diese Handelsregeln sind primär für aktive Investoren und langfristige Anleger wichtig. Da Trendlinien beim kurzfristigen Handeln an Bedeutung verlieren, sind auch die Handelsregeln hier flexibler auszulegen. Die Muster selbst gewinnen hingegen an Bedeutung.

Es gilt die Regel (siehe auch Unterkapitel »Starke und schwache Signale«):

> Nicht jedes Muster, das ein Verkaufs- oder Kaufsignal liefert, muss gehandelt werden. Starke Signale handeln, schwache Signal meiden.

Weiterhin kann zu jedem Signal ein Stoppsignal definiert werden, das die möglichen Verluste begrenzt und somit das Risiko definiert.

> Ein Stoppsignal liegt immer eine Box unter dem Ausgangspunkt der Säule, die das Handelssignal lieferte.

In der folgenden Abbildung wird das Dreifach-Top-Muster ungültig, wenn der Kurs unter die X-Säule läuft, die das Kaufsignal generierte (1. Stoppsignal). Das einfache Kaufsignal rechts daneben würde durch eine Gegenbewegung, die unter den Ausgangspunkt der X-Säule läuft, ungültig (2. Stoppsignal).

In der Gesamtheit handelt es sich in der Abbildung um ein bullishes Katapult-Verbundmuster. Es wird bei einem Rücklauf unter die tiefste X-Säule des Gesamtmusters ungültig (hier 1. Stoppsignal).

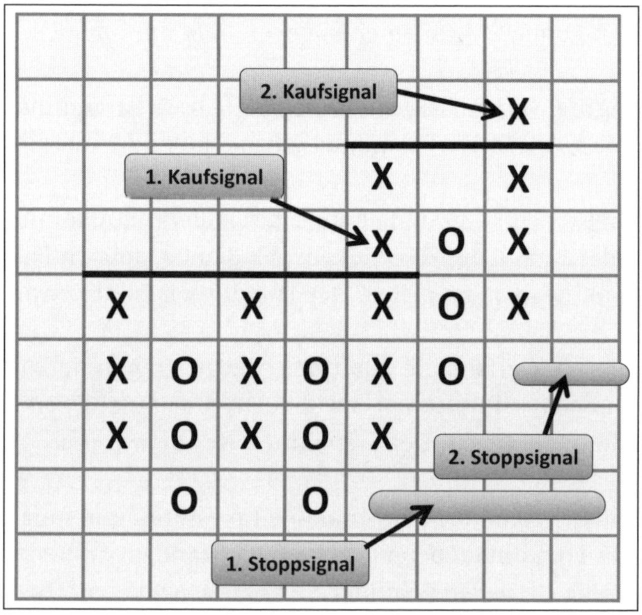

Abbildung 50: Stoppsignale (stoploss)

Es ist jedoch auch der größere Kontext des Signals im Chartbild zu betrachten. Insbesondere wenn sich durch geringfügige Veränderung der Darstellungsparameter (vor allem der Boxgröße) das Muster deutlich abwandelt oder zu einem schwachen Signal führt, sollte dies bei der Bewertung berücksichtigt werden.

Die (langfristigen) Gewinnchancen, die sich aus einem Signal ergeben, können mithilfe der Kurszielbestimmung ermittelt werden. Diese werden wir im nächsten Kapitel kennenlernen. Doch zuvor sei an dieser Stelle noch eine Besonderheit im Zusammenhang mit Point & Figure vorgestellt.

4.5 Bullish Percent

Wir wissen nun, dass jedes Chartbild entweder zuletzt ein Kaufsignal generiert hat und daher einen bullishen Zustand innehat oder ein Verkaufssignal generiert hat und sich daher in einem bearishen Zustand befindet. Diese Aussage ist eindeutig und kann objektiv getroffen werden – solange dieselben Darstellungsparameter (Boxgröße etc.) benutzt werden.

Nun können wir alle Finanzinstrumente eines Index daraufhin überprüfen und auszählen, wie viele zuletzt ein Kaufsignal aufwiesen. Beispielsweise stellen wir fest, dass sich zu einem bestimmten Zeitpunkt 21 Aktien des DAX in einem bullishen Zustand befinden. Dies entspricht 70 Prozent (der DAX umfasst 30 Aktienwerte). Wir haben soeben den sogenannten Bullish Percent Index (synonym auch Bullish-Percent-Indikator oder nur Bullish Percent genannt) bestimmt. Kürzel: BPI.

Der Bullish-Percent-Index ist ein auf Point & Figure basierender Marktindikator. Was ist ein Marktindikator allgemein? Marktindikatoren treffen keine Aussage über einen bestimmten einzelnen Finanzwert, sondern über den gesamten Markt. Häufig ist der »Markt« als Leitindex definiert, wie beispielsweise der DAX oder der Dow Jones Industrial Index. Im Prinzip könnte der »Markt« aber auch das eigene Depot oder eine Kursliste von beobachteten Werten darstellen. Entsprechend flexible Chartsoftware erlaubt auch die Berechnung von Marktindikatoren über selbst definierte Listen von Wertpapieren.

Es gibt eine Vielzahl von nützlichen Marktindikatoren. Beispielsweise wird die Anzahl steigender Aktien ins Verhältnis zu den fallenden Aktien gesetzt. Oder die Anzahl der Aktien ausgezählt, die über einem (gleitenden) Durchschnitt notieren usw. Die Standardwerke der technischen Analyse widmen dieser Thematik unter dem Stichwort Marktindikatoren oder Marktbreite typischerweise ein eigenes Kapitel (siehe z.B. Murphy 2011, Pring 2002, Kirkpatrick/Dahlquist 2010).

In unserem Falle betrachten wir die Anzahl der Aktien, die zuletzt ein einfaches Point & Figure-Kaufsignal geliefert haben. Bullish Percent wurde von Abe Cohen in den 50er-Jahren entwickelt. Cohen hat auch maßgeblich die 3-Box-Umkehr und ihre methodischen Werkzeuge eingeführt. Typischerweise wird nun für einen Markt der Bullish-Percent-Index täglich berechnet.

Dabei interessiert uns weniger der absolute Wert, sondern vor allem die Änderung und die Tendenz, die uns anzeigen, ob der Markt stärker oder schwächer wird.

Um objektiv zu definieren, wann einfache Kaufsignale bei den Indexkomponenten auftreten, müssen die zugrunde liegenden Darstellungsparameter definiert sein. Die Standarddefinition geht von einer Boxgröße von 2 Prozent, bei einer 3-Box-Umkehr und der Nutzung von Höchst-/Tiefstkursen mittels High-Low-Trendfolge aus.

Der tägliche Bullish-Percent-Indexwert kann als Linienchart mit einer Preisskala zwischen 0 Prozent und 100 Prozent dargestellt werden oder ebenfalls als Point & Figure-Diagramm. Beide Darstellungen sind möglich und auch nützlich.

Die Darstellung als Linienchart hat den Vorteil, dass der zugrunde liegende Index und Bullish Percent zeitlich korrekt gemeinsam betrachtet werden können.

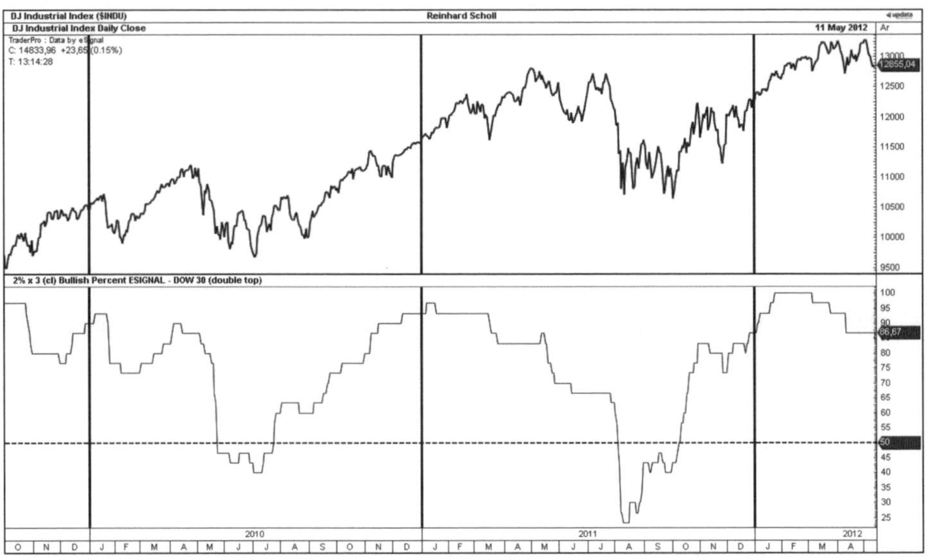

Abbildung 51: Dow Jones Industrial und zugehöriger Bullish-Percent-Index der Jahre 2010 und 2011. Der Bullish-Percent-Index zeigt in Prozent die Anzahl der einfachen Kaufsignale bei Berechnung mit den P&F-Parametern: Box 2,0 Prozent, Umkehr 3, High-Low-Trendfolge, Tagesdaten (OHLC)

Wie bei vielen Indikatoren lassen sich bestimmte Niveaus definieren. Hier ist eine Linie bei 50 Prozent eingezeichnet, denn hier trennt sich der Markt in eine obere Hälfte – die meisten Aktien zeigen ein Kaufsignal – und in eine untere Hälfte – die meisten Aktien zeigen ein Verkaufssignal.

Ein nützliche Beobachtung aus der Abbildung ist die folgende: Bei beiden Trendumkehren (Fulcrums) der Jahre 2010 und 2011 zeigt der BPI die Erholung frühzeitig an. Er kann sich schon deutlich erholen, bevor der Down Jones in seiner Gesamtheit wieder in der starken Aufwärtsbewegung liegt.

Im Falle der Darstellung als Point & Figure-Chart gibt es eine Standardinterpretation, die hier kurz vorgestellt werden soll. Sie wurde von Earl Blumenthal in den 70er-Jahren entwickelt.

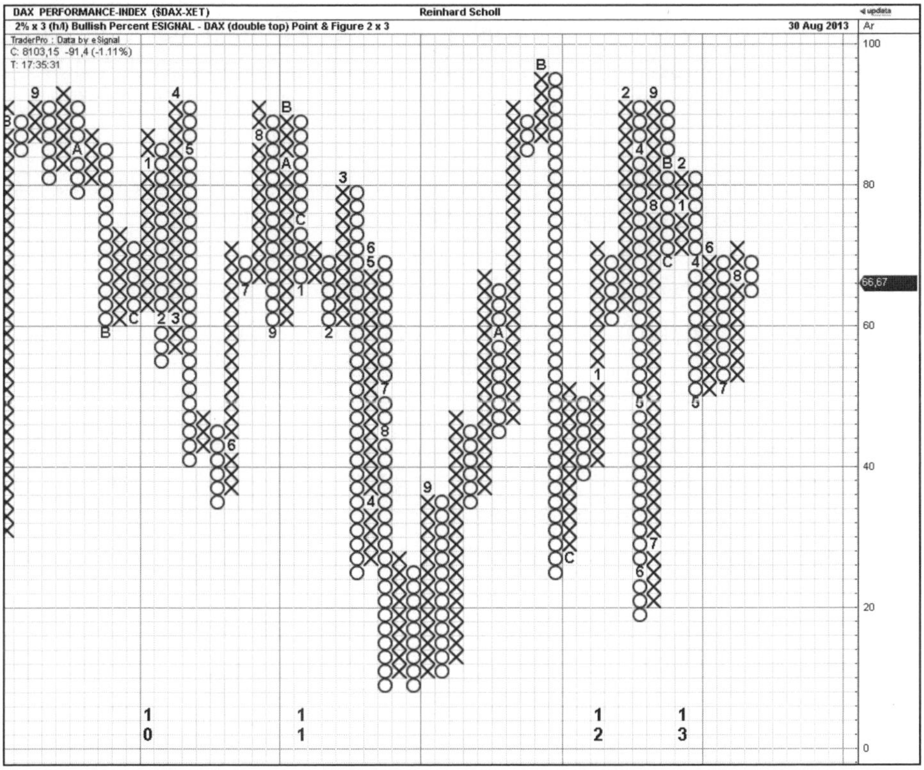

Abbildung 52: Bullish-Percent-Index des DAX, WKN 846900, 30.8.2013, zeigt in Prozent die Anzahl der einfachen Kaufsignale der DAX-Aktien in der Einstellung: Box 2,0 Prozent, Umkehr 3, High-Low-Trendfolge, Tagesdaten (OHLC)

Stand 30.8.2013 hat der BPI einen Wert von 66,67 Prozent. Das bedeutet im Falles des DAX, dass genau zwei Drittel – also 20 Aktien – zuletzt ein einfaches Kaufsignal erzeugten, während 10 Aktien zuletzt ein einfaches Verkaufssignal erzeugten. Die Monatskennzahlen (0-9, A-C) sind als zeitliche Referenz ebenfalls zusätzlich dargestellt.

Die klassische Interpretation des BPI kennt sechs Zustände:

- Bull Alert: BPI <30 Prozent – es hat sich eine neue Aufwärtsbewegung (X-Säule) gebildet. Interpretation: Der Markt ist am Boden (»überverkauft«). Der erste Schritt für einen neuen Aufwärtstrend ist getan, denn eine relevante Gegenbewegung, die ja mindestens 3 X-Boxen (bei 2 Prozent Boxgröße also mindestens 6 Prozent) beträgt, ist entstanden. Käufer (Bulls) sind alarmiert im Hinblick auf einen möglichen Kaufeinstieg. Im DAX-Chart: Der Bull Alert im Jahre 2012 hat gut funktioniert. Im Jahre 2011 kam es jedoch auch zu Fehlsignalen aufgrund der volatilen Bodenbildung.

- Bear Alert: BPI >70 Prozent – es hat sich eine neue Abwärtsbewegung (O-Säule) gebildet. Interpretation: Der Markt ist am Hoch (»überkauft«). Aber es gibt ernsthafte Warnzeichen, denn eine relevante Gegenbewegung (mindestens 3 O-Boxen) ist entstanden. Verkäufer (Bears) sind alarmiert im Hinblick auf einen möglichen Verkaufseinstieg. Die Investoren/Käufer sind gewarnt, dass der Markt zurücksetzen könnte.

- Bull Correction: Der BPI-Chart ist bullish (zuletzt wurde ein P&F-Kaufsignal erzeugt), jedoch befindet sich der Markt in einer Abwärtsbewegung (O-Säule). Zur Abbildung des DAX-Charts: Der DAX befindet sich zum Zeitpunkt der Charterstellung in diesem Zustand.

- Bear Correction: Der BPI-Chart ist bearish (zuletzt wurde ein P&F-Verkaufssignal erzeugt), jedoch befindet sich der Markt in einer Aufwärtsbewegung (X-Säule).

- Bull Confirmed: Der BPI-Chart zeigt eine X-Säule und ein Kaufsignal. Das Point & Figure-Kaufsignal bestätigt eine Aufwärtsbewegung. 2011 gab es eine Reihe von Bull-Confirmed-Signalen.

- Bear Confirmed: Der BPI-Chart zeigt eine O-Säule und ein Verkaufssignal. Das Point & Figure-Verkaufssignal bestätigt hierdurch eine Abwärtsbewegung. Dies wäre das negative Szenario für die weitere Entwicklung des DAX in der Abbildung: Wenn die 0-Säule unter die vorige 0-Säule fällt, wäre ein Bear-Confirmed-Signal etabliert.

Kommentar: Die Standardinterpretation ist mit etwas Vorsicht im Hinblick auf die definierten 30- und 70-Prozent-Marken zu betrachten. Die Volatilität der Märkte hat sich über die Zeit verändert. Alternativ könnten daher die Schwellenwerte 40 und 60 Prozent beispielsweise zu besseren Ergebnissen führen. Im Allgemeinen sollten wir immer in der Kurshistorie prüfen, wie gut die Signale in der Vergangenheit funktioniert haben.

Wer keine Software zur Verfügung hat, die in der Lage ist, Bullish-Percent-Indizes zu berechnen, der findet unter www.stockcharts.com vorberechnete Werte. Tipp: In der Werte-Suchmaske einfach $BP eingeben. Es werden dann die möglichen (US-)Indizes aufgelistet.

4.6 Workshop

Aufgabe A: Muster identifizieren

Identifizieren und benennen Sie alle Muster, die zu Verkaufssignalen führen.

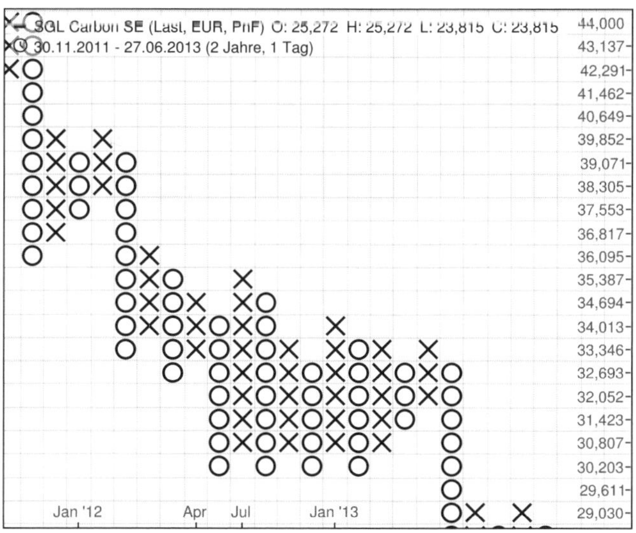

Abbildung 53: SGL Carbon, WKN 723530, Xetra; P&F-Parameter: Box 2,0 Prozent, Umkehr 3, High-Low-Trendfolge, Tagesdaten (OHLC); Muster mit Verkaufssignalen finden

Aufgabe B: Schwache und starke Signale

Identifizieren Sie alle schwachen und starken Signale aus der vorigen Abbildung 53. Begründen Sie dies sowohl für die identifizierten Verkaufssignale als auch für mögliche Kaufsignale.

Aufgabe C: Stabmuster

Identifizieren Sie alle hohen und tiefen Stabformationen. Dabei sollen nur Stäbe betrachtet werden, die mindestens eine Höhe von 9 Boxen haben. Waren die Formationen erfolgreich?

Zur Wiederholung: Die Definition für ein Stabmuster verlangt mindestens eine Bewegung, die 3 Boxen über das letzte Hoch (beim hohen Stab) beziehungsweise unter das Tief (beim tiefen Stab) läuft. Anschließend muss eine Gegenbewegung folgen, die über 50 Prozent der Boxen beträgt. Bei einer Stablänge von beispielsweise 10 Boxen muss die Gegenbewegung 6 Boxen oder mehr betragen.

Wir betrachten hier den Bund Future über etwa zwei Monate mit 5-Minuten-Daten. Diese Betrachtung ist daher für kurzfristig orientierte Trader interessant.

Abbildung 54: Bund Future, ISIN: DE0009652644, Indikation, Stand 30.8.2013, P&F-Parameter: Box 0,1 Prozent, Umkehr 3, High-Low-Trendfolge, 5-Minten Daten (OHLC); Stabmuster finden

5. Kursziele

Nehmen wir an, wir haben einen Aufwärtstrend, und wir haben ein starkes Kaufsignal, geboren aus einer Trendwende. Doch wie weit wird die Aufwärtsbewegung laufen?

Die Kurszielbestimmung (engl. count oder auch »the count«) gibt uns die Antworten. Und auch hier gilt die wesentliche Eigenschaft von Point & Figure: Die Berechnung der Kursziele basiert auf objektiven, nachvollziehbaren Regeln und Berechnungen.

Wir betrachten die Kurszielbestimmung für die 3-Box-Umkehr. Die Prinzipien können auch für andere Umkehrgrößen >1 angewendet werden, doch in der Praxis geschieht dies sehr selten. Für die 1-Box-Umkehr gelten hingegen spezielle Ansätze und Regeln. Auf die wesentlichen Merkmale bei 1-Box-Charts wird später kurz eingegangen.

Ein Kursziel ist kein präzises Versprechen, dass der Kurs auch wirklich dort landen wird und punktgenau danach dreht und wieder fällt. Bei der Kurszielbestimmung handelt es sich um plausible und nachvollziehbare Methoden für Kurszielzonen.

5.1 Zusammenfassung

Es gibt zwei Methoden: die vertikale und die horizontale Kurszielbestimmung.

Bei der vertikalen Kurszielermittlung kann nicht jede beliebige Säule zur Berechnung eines gültigen vertikalen Kurszieles herangezogen werden, sondern es muss sich um relevante Wendepunkte des Kursgeschehens handeln. Das vertikale Kursziel bei einer Aufwärtsbewegung errechnet sich wie folgt: vertikales Ziel = Basis + Anzahl der Boxen × Boxgröße × Umkehr. Bei einer Abwärtsbewegung gilt: vertikales Ziel = Basis – Anzahl der Boxen × Boxgröße × Umkehr. Die Basis ist jeweils das Tief einer X-Säule beziehungsweise das Hoch bei einer O-Säule. Vertikale Kursziele müssen durch das nächste Kaufsignal (bei Aufwärtsbewegung) beziehungsweise durch das nächste Verkaufssignal (Abwärtsbewegung) aktiviert werden, damit das Kursziel gültig wird.

Die horizontale Kurszielermittlung basiert auf dem Ausbruch aus einer Stauzone. Die Anzahl der Säulen der Stauzone ergibt die Breite. Ein horizontales Kursziel berechnet sich bei einer Bodenbildung und Ausbruch nach oben wie folgt: horizontales Ziel = Basis + Breite × Boxgröße × Umkehr. Die Basis ist das dabei Tief der Stauzone. Bei einer Topbildung und Ausbruch nach unten: horizontales Ziel = Basis – Breite*Boxgröße*Umkehr. Die Basis ist das Hoch der Stauzone. Eine Aktivierung ist bei horizontalen Kurszielen nicht erforderlich.

Es gelten einige Regeln: Es gibt keine Zeitvorgabe, wann ein Kursziel erreicht werden soll. Werden Kursziele nicht erreicht, so ist dies auch eine verwertbare Information im Hinblick auf die Trendstärke. Liefern verschiedene Zielberechnungen in etwa dasselbe Ergebnis, so stärkt dies die Kurszielprojektion. Erst wenn das am nächsten liegende Kursziel erreicht ist, sollte das nächsthöhere beziehungsweise nächsttiefere Kursziel in den Fokus rücken. Ein Kursziel wird ungültig, wenn eine Bewegung gegen die Zielrichtung erfolgt, die weiter läuft als der Ausgangspunkt der Zielberechnung.

Die Bestimmung von Kurszielen ist Teil des Analyseprozesses neben der Bestimmung von Trendlinien und P&F-Mustern.

Einführungs-Chart

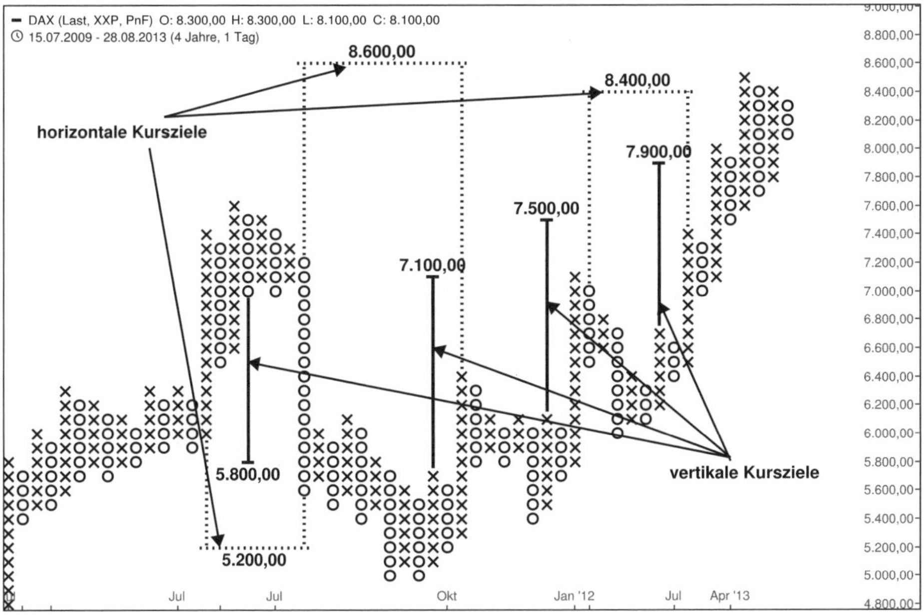

Abbildung 55: DAX, WKN 846900, Xetra-Daten, Stand 5.9.2013, Xetra; P&F-Parameter: Box 100 (absolut), Umkehr 3, High-Low-Trendfolge, Tagesdaten (OHLC)

5.2 Vertikale Kurszielbestimmung

Die Methode der vertikalen Kurszielbestimmung (vertical count) wurde von Abe W. Cohen gegen Ende der 40er-Jahre vorgestellt. Sie ist die am häufigsten angewandte Methode und einfach zu handhaben. Allerdings ist nicht nur die korrekte Berechnung wichtig, sondern es gibt auch eine Reihe von Regeln zu beachten, um gültige vertikale Kursziele zu erhalten.

Zuerst wird eine geeignete Säule ausgewählt. Zu den Regeln, was wir unter einer »geeigneten« Säule verstehen, kommen wir in Kürze. Dann zählt man die Anzahl der Boxen dieser Säule.

- Im Falle einer Aufwärtsbewegung (X-Säule) ist die Basis eine Box unter der tiefsten Box der X-Säule, und das Kursziel errechnet sich nun wie folgt: vertikales Ziel = Basis + Anzahl der Boxen × Boxgröße × Umkehr.

- Im Falle einer Abwärtsbewegung (O-Säule) ist die Basis eine Box über der höchsten Box der O-Säule, und das Kursziel errechnet sich nun wie folgt: vertikales Ziel = Basis – Anzahl der Boxen × Boxgröße × Umkehr.

Da die Berechnung für eine bestimmte Säule eindeutig ist, lässt sich hierfür auch ein Algorithmus beschreiben, siehe Kapitel 7 »Point & Figure-Algorithmen«. Eine Software-Implementierung kann dann den Anwender unterstützen, indem zu einer ausgewählten Säule das Kursziel automatisch berechnet und angezeigt wird. Noch komfortabler ist eine automatische Identifizierung der geeigneten Säulen und Anzeige aller relevanten vertikalen Kursziele.

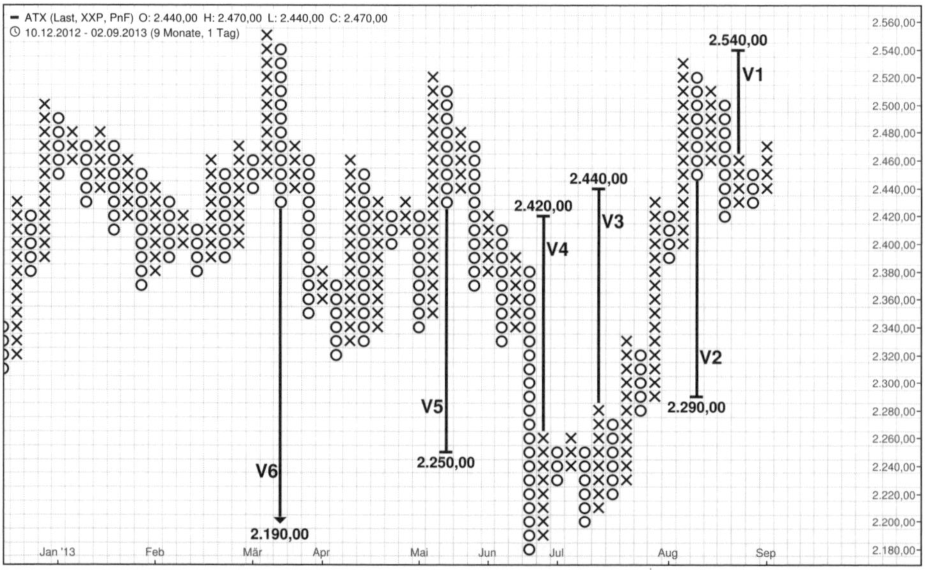

Abbildung 56: ATX, WKN 969191, Xetra-Daten, Stand 4.9.2013, Xetra; P&F-Parameter: Box 10 (absolut), Umkehr 3, High-Low-Trendfolge, Tagesdaten (OHLC)

Betrachten wir als Beispiel den Leitindex von Österreich seit Anfang 2013. Die Boxgröße beträgt 10 Punkte. Berechnen wir das Kursziel V1 von Hand:

Die X-Säule besteht aus 4 X-Boxen. Somit hat die Säule eine Länge von 4 × 10 = 40 Indexpunkten. Diese Säulenlänge wird nun mit der Umkehr multipliziert. Das Kursziel hat daher die Länge 120. Das Ganze wird von der Basis nach oben abgetragen. Die tiefste Box der X-Säule heißt 2430. Eine Box darunter heißt 2420. Somit ist das Kursziel V1= 2420 +120 = 2540 Punkte.

Wir schreiben die Aufwärtsbewegung einfach mit dem Faktor der Umkehr fort. Insgesamt gehen wir also bei V1 von einer Gesamtbewegung des Dreifachen des Ausgangsimpulses aus. Dies sind 12 Boxen oder 120 Indexpunkte. Das Kursziel ist noch offen – es wurde noch nicht erreicht.

Als weiteres Beispiel berechnen wir das Kursziel der O-Säule bei V2. Die O-Säule hat 8 O-Boxen. Die höchste O-Box heißt 2520. Die Basis der Zielberechnung ist daher 2530. Die Rechnung lautet: Kursziel V2 = 2530 – 8 × 10 × 3 = 2530 – 240 = 2190. Auch dieses Kursziel ist noch offen.

Die weiteren Kursziele V3 bis V6 im Chart wurden alle erreicht. Sie sind nun nicht mehr direkt relevant und gehören zur Kurshistorie. Sie können die Kursziele (Counts) selbst berechnen und überprüfen.

Anmerkung: Warum müssen wir bei der Basis noch eine Box abziehen? Die gesamte Bewegung soll das 3-Fache (bei Umkehr = 3) der Boxzahl sein. Da eine Box aber ein gesamtes Intervall von der Größe einer Box umfasst, müssen wir eine Box abziehen. Das Kursziel V1 besteht auch tatsächlich aus 12 Boxen. Das Kursziel ist also genauer gesagt das Boxintervall, für welches die Box 2540 steht: 2540 bis 2550 Punkte. Doch das ist eher spitzfindig, denn, wie gesagt, die Kursziele geben plausible Anhaltspunkte, und trotz präziser Rechenformel stellen sie lediglich Näherungswerte dar.

Aktivierungsregel

Vertikale Kursziele müssen aktiviert werden, damit das Kursziel gültig wird.

- Bei einer Aufwärtsbewegung (X-Säule) wird das Kursziel durch das nächste Kaufsignal aktiviert.
- Bei einer Abwärtsbewegung (O-Säule) wird das Kursziel durch das nächste Verkaufssignal aktiviert.

Welche Art von Muster oder Signal sich hier bildet, ist unwichtig. Denn letztlich basieren alle Signale auf dem Grundmuster des einfachen Kaufsignals (Doppel-Top) oder einfachen Verkaufssignals (Doppel-Boden).

Regeln zur Bestimmung geeigneter Säulen für vertikale Kursziele

Nicht jede Säule kann zur Berechnung eines gültigen vertikalen Kurszieles herangezogen werden, sondern es muss sich um relevante Wendepunkte des Kursgeschehens handeln. Geeignete Säulen finden sich hier:

- (a) Die Säule mit dem größten Tief beziehungsweise Hoch einer Trendumkehrformation (1).
- (b) Die Säule (2) rechts neben der Säule (1), wenn die Säulen auf etwa gleichem Niveau liegen und Folgendes gilt: Die Säule (1) mit dem Formationstief ist nur kurz, die rechts daneben liegende Säule (2) ist deutlich länger. Somit wird Säule (2) zum ersten Ausbruchsimpuls.
- (c) Jeder andere signifikante Wendepunkt innerhalb eines großen Trends. Es muss sich jedoch um einen Wendepunkt mit einem signifikanten Tief beziehungsweise Hoch handeln.

In der Abbildung stellen die Kursziele V2, V4, V6 ein Beispiel für den Fall (a) dar. Hier handelte es sich jeweils um eine Trendumkehr und die erste Gegenbewegung, die wir mittels der vertikalen Kurszielbestimmung vermessen. Der Fall (b) ist im Chart nicht zu finden. Das Kursziel V5 ist ein Beispiel für den Fall (c), denn hier liegt ein signifikanter Wendepunkt an einem Hoch mit starker Gegenbewegung vor. Da allerdings durch V6 bereits ein Kursziel vom Jahreshoch ausgehend nach unten etabliert wurde, ist das Kursziel V5 sekundär. Dasselbe gilt für das Kursziel V3. Auch hier wurde die Aufwärtsbewegung von der Säule V4 ausgehend zunächst deutlich korrigiert, sodass der neue Aufwärtsimpuls bei V3 ein signifikanter Wendepunkt ist, der uns ein weiteres Kursziel liefert. Die Kursziele V3 und V4 zeigen ungefähr denselben Zielkurs an. Durch Mittelung (V3+V4) / 2 erhalten wir 2430 Punkte. Dieses Zielniveau wurde präzise erreicht, bevor eine Gegenbewegung einsetzte. Alle diese Kursziele sind aktiviert. In Kurszielrichtung wurde jeweils ein Signal generiert.

Das (kleine) Kursziel V1 ist noch mit Vorsicht zu betrachten. Es wurde zwar gerade aktiviert, da die aktuelle X-Säule ein einfaches Kaufsignal geliefert hat, jedoch wäre eine neue O-Säule, die den Abwärtstrend bei V2 fortsetzt, durchaus plausibel.

Ungültige vertikale Kursziele

Bleiben wir beim Kursziel V1. Sollte eine neue Abwärtsbewegung unter die Basis des Kursziels laufen, so wird das Kursziel ungültig. Eine 0-Box bei 2420 hätte diesen Effekt. Allgemein gilt:

Regel

Ein Kursziel wird ungültig, wenn eine Bewegung gegen die Zielrichtung erfolgt, die weiter läuft als der Ausgangspunkt der Zielberechnung.

Ein weiteres Beispiel: Sollte sich der Aufwärtstrend fortsetzen, so wären Kurse von 2540 oder mehr ausreichend, um das Kursziel V2 als ungültig zu kennzeichnen. Aktuell ist das Chart aus Sicht der Kursziele ergebnisoffen. Sowohl V1 als auch V2 sind gültig und aktiviert. Diese Situation wird sich jedoch in die eine oder andere Richtung auflösen und dazu führen, dass entweder V1 oder V2 gültig sein werden – aber nicht beide Ziele.

Warum sollten vertikale Kursziele funktionieren?

Bei einer Trendumkehr oder signifikanten Trendwende basiert das Kursziel auf der ersten neuen stärkeren Bewegung. Je größer diese erste Säule wird, desto stärker der Wille der neuen Marktteilnehmer, den alten Trend zu beenden und energisch eine neue Richtung einzuschlagen. Auf dem Wege dorthin sind Gegenbewegungen zu erwarten. Jedoch zählt die Stärke des ersten Impulses, die sich durchsetzen sollte. Letztlich ist die Multiplikation mit der Umkehr jedoch eine empirische Festlegung, die in der Praxis gute Ergebnisse liefert.

Kommentar: Wenn man einen breiten Überblick über die technische Analyse hat, so lässt sich an dieser Stelle auch eine Querbeziehung zur Elliott-Wellen-Methode herstellen. Die Regeln zur Bestimmung geeigneter Säulen für vertikale Kursziele sind im Wesentlichen nichts anderes als die Suche nach einer Welle 1 einer Impulswelle. Die Ausdehnung von Elliott-Wellen-Kurszielen wird mittels Fibonacci-Niveaus bestimmt. Es gibt hierzu ein relativ komplexes Regelwerk, was die Ausdehnung der einzelnen (Korrektur-)Wellen betrifft. Jedoch ist eine grobe Schätzung, die darauf basiert, die erste Welle in ihrer Länge mit drei zu multiplizieren, so wie wir es bei der 3-Box-Umkehr der vertikalen Kurszielbestimmung bei Point & Figure abschätzen, durchaus kompatibel mit der typischen Ausdehnung eines kompletten Wellenmusters (vgl. Tiedje 2011).

5.3 Horizontale Kurszielbestimmung

Die verbreitetste Methode der horizontalen Kurszielbestimmung (horizontal count) wurde ebenfalls von Abe W. Cohen entwickelt. Auch hier gilt das Prinzip, dass eine Bewegung mit der Umkehrgröße multipliziert wird. Allerdings rechnen wir nun nicht in die Höhe (vertikal), sondern wir gehen in die Breite (horizontal).

Dazu suchen wir eine Stauzone, die durch eine lange Eingangssäule (linke Wand) und ebenso durch eine lange Ausbruchssäule in Gegenrichtung (rechte Wand) gekennzeichnet ist. Die Struktur ähnelt also einem U oder W bei einem Boden und einem umgekehrten U oder umgekehrten W bei einem Top. **Die Anzahl der Säulen der Stauzone ergibt die Breite. Die Eingangs- und Ausgangssäule werden mitgezählt.** Ein horizontales Kursziel berechnet sich wie folgt:

- Im Falle einer Stauzone mit einer Abwärtsbewegung (O-Säule) als linke Wand und einer Aufwärtsbewegung (X-Säule) als rechte Wand errechnet sich das horizontale Kursziel wie folgt: horizontales Ziel = Basis + Breite × Boxgröße × Umkehr. Die Basis ist das Tief der Stauzone (bzw. die niedrigste O-Box).

- Im Falle einer Stauzone mit einer Aufwärtsbewegung (X-Säule) als linke Wand und einer Abwärtsbewegung (O-Säule) als rechte Wand errechnet sich das horizontale Kursziel wie folgt: horizontales Ziel = Basis – Breite × Boxgröße × Umkehr. Die Basis ist das Hoch der Stauzone (bzw. die höchste X-Box).

Da die Berechnung für eine bestimmte Stauzone eindeutig ist, lässt sich hierfür auch ein Algorithmus beschreiben, siehe Kapitel 7 »Point & Figure-Algorithmen«. Eine Software-Implementierung kann dann den Anwender unterstützen, indem zu einer ausgewählten Stauzone das Kursziel automatisch berechnet und angezeigt wird. Noch komfortabler ist eine automatische Identifizierung der geeigneten Stauzonen und Anzeige aller relevanten horizontalen Kursziele.

Abbildung 57: Celesio, WKN CLS100, Xetra-Daten, Stand 4.9.2013, Xetra; P&F-Parameter: Box 0,3 (absolut), Umkehr 3, High-Low-Trendfolge, Tagesdaten (OHLC)

Betrachten wir als Beispiel die Aktie der Celesio AG von Mitte 2009 bis Mitte 2013. Die Boxgröße beträgt 0,3 Punkte. Berechnen wir das Kursziel H1 von Hand:

Die Stauzone besteht aus 14 Säulen (die linke und rechte Wand zählen dazu). Multipliziert mit der Boxgröße und der Umkehr ergibt dies eine Ausdehnung von 14 × 0,3 × 3 = 12,60. Das Ganze wird von der Basis nach oben abgetragen. Die tiefste Box der Stauzone heißt 9,30. Somit ist das Kursziel H1= 9,30 +12,60 = 21,90 Euro. Das Kursziel wurde noch nicht erreicht.

Als weiteres Beispiel berechnen wir das Kursziel der Stauzone bei H2. Die Stauzone hat 10 Säulen. Die Ausdehnung ist also 10 × 0,3 × 3 = 9,00. Die höchste Box in der Stauzone heißt 20,40. Somit ergibt sich als horizontales Kursziel H2 = 20,40 – 9,00 = 11,40 Euro. Die Abwärts-Kursziele H2 und H3 wurden jeweils erreicht.

Eine Aktivierung ist bei horizontalen Kurszielen nicht erforderlich. Der Ausbruch aus der Stauzone geht per Definition einher mit einem starken Kauf- oder Verkaufssignal.

Ungültige horizontale Kursziele

Es gilt dasselbe Prinzip wie bei vertikalen Kurszielen. Wird beispielsweise bei einer Bodenbildung ein Kursziel für einen Aufwärtstrend bestimmt, jedoch anschließend das tiefste Tief unterschritten, so ist das errechnete horizontale Kursziel ungültig.

Regel

Ein Kursziel wird ungültig, wenn eine Bewegung gegen die Zielrichtung erfolgt, die weiter läuft als der Ausgangspunkt der Zielberechnung.

Warum sollten horizontale Kursziele funktionieren?

Eine Stauzone bedeutet, dass die Marktteilnehmer sich über die zukünftige Entwicklung nicht einig sind. Käufer und Verkäufer befinden sich in einer Balance, einem ständigen Hin und Her von relativ kleinen Bewegungen. Früher oder später kommt es jedoch zum Ausbruch. Eine der Parteien setzt sich durch und wird dominant. Je länger nun die Meinungsbildung andauert, desto stärker der Ausbruch, und desto größeres Potenzial hat der neue Trend, so die Logik der horizontalen Kurszielbestimmung. Es hat sich – wie der Name Stauzone impliziert – viel Druck angestaut. Die Ausbruchssäule (rechte Wand) sollte daher auch möglichst lang sein, um die Stärke der Gewinnerpartei zu untermauern.

Kursziele bei der 1-Box-Umkehr

Bei der 1-Box-Umkehr gibt es keine vertikalen Ziele. Historisch wurden die Mehrfachumkehr und damit auch die vertikale Zielberechnung erst später entwickelt, während die frühen Point & Figure-Chart-Analysten bis in die 40er-Jahre nur die horizontale Kurszielbestimmung kannten.

Die Analyse von Stauzonen – bei Trendumkehr auch Fulcrum genannt – steht im Fokus der 1-Box-Darstellung. Es gibt verschiedene Varianten, wie die Breite der Stauzone berechnet wird und was genau die Basis für die horizontale Zielbestimmung ist. Das Prinzip und die Logik der Zielberechnung ist jedoch dieselbe – mit der Einschränkung, dass die Kursziele eher für die nähere Zukunft gelten, während bei der Mehrfachumkehr auf dem Weg zur Zielerreichung auch weitere Stauzonen auftreten dürfen.

Hinweis: Damit die Berechnungen korrekt sind, muss auch die 1-Box Chart-Darstellung korrekt sein und die One-Step-Back-Konstruktion verwendet werden.

Für eine Vertiefung der Thematik sei auf du Plessis (2012) verwiesen. Hier wird umfassend auf die Varianten und die Anwendung der horizontalen Kurszielbestimmung bei der Arbeit mit 1-Box-Umkehr-Point & Figure-Charts eingegangen.

5.4 Allgemeine Regeln für Kursziele

Es gibt noch weitere Regeln bei der Anwendung der Kursziele zu beachten. Bereits kennengelernt haben wir die Regel zur Aktivierung, und wir wissen auch, wann Kursziele ungültig werden.

- Werden Kursziele nicht erreicht, so ist dies auch eine verwertbare Information im Hinblick auf die Trendstärke. In einem starken Aufwärtstrend werden beispielsweise häufig die Aufwärtsziele übertroffen und die Abwärtsziele – die sich aus Zwischenkorrekturen ergeben – nicht erreicht.

- Priorität bei den Kurszielen: Erst wenn das am nächsten liegende Kursziel erreicht ist, sollte das nächsthöhere beziehungsweise nächsttiefere Kursziel in den Fokus rücken.

- Es gibt keine Zeitvorgabe, wann ein Kursziel erreicht werden soll.

- Fallen verschiedene Zielberechnungen in etwa zusammen (beispielsweise vertikal und horizontal berechnet oder zwei vertikale Ziele von verschiedenen signifikanten Wendepunkten ausgehend), so stärkt dies die Kurszielprojektion. Eine Mittelung der Ziele ist möglich.

- Die Kurszielbestimmung unterscheidet nicht zwischen Point & Figure-Darstellungen, die auf Schlusskursen basieren, und Darstellungen, die auf Auswertung der Höchst-/Tiefstkurse basieren. Beides ist möglich.

- Die prozentualen Boxgrößen und logarithmische Skalierung sollten auch bei der Zielbestimmung bevorzugt werden, wenn eine Software die Berechnungen übernimmt. Die Berechnung von Hand wäre jedoch zu mühsam.

Die Bestimmung von Kurszielen ist Teil des Analyseprozesses neben der Bestimmung von Trendlinien und P&F-Mustern sowie der Wahl geeigneter Darstellungsparameter.

5.5 Workshop

Aufgabe A: Kursziele bestimmen und bewerten

Bestimmen Sie relevante vertikale und horizontale Kursziele. Kommentieren Sie die Ziele. Wurden sie erreicht? Gibt es ungültige Ziele?

Abbildung 58: BASF, WKN BASF11, Xetra, Juli 2011 bis Anfang September 2013, P&F-Parameter: Box 1,0 (absolut), Umkehr 3, High-Low-Trendfolge, Tagesdaten (OHLC); Kursziele bestimmen

Aufgabe B: Kursziele bewerten

Welche Ziele sind noch nicht aktiviert? Welche Ziele sind nicht mehr gültig? Begründen Sie Ihre Antworten.

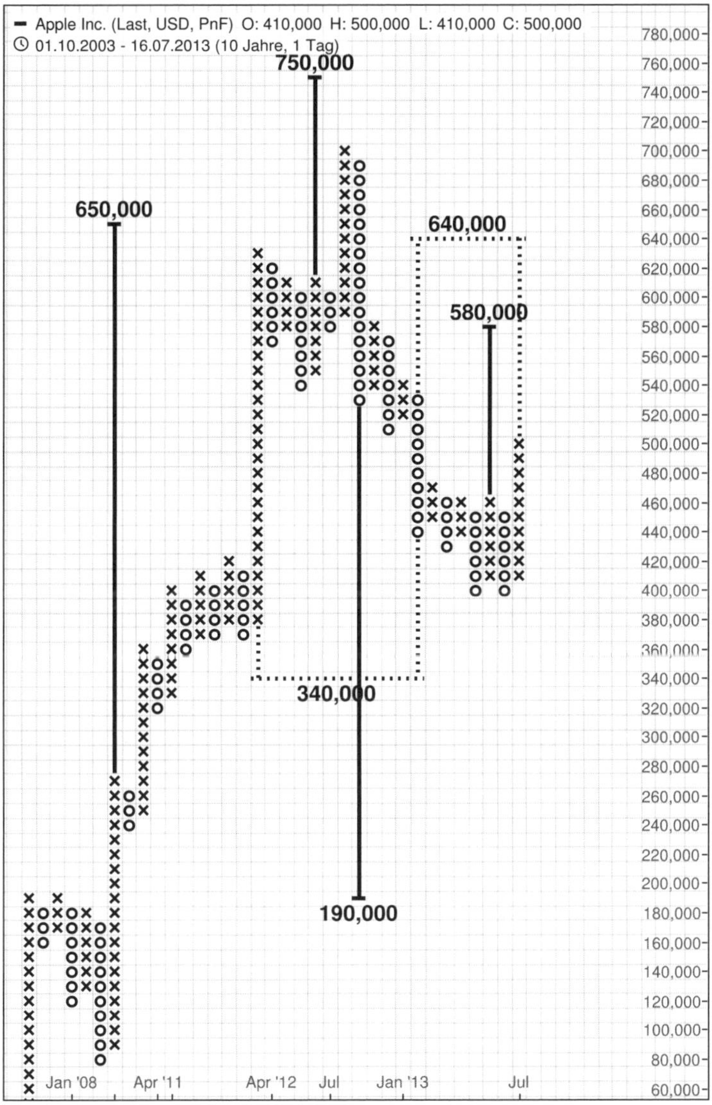

Abbildung 59: Apple, WKN 865985, Xetra, 2008 bis Anfang September 2013, P&F-Parameter: Box 10,0 (absolut), Umkehr 3, High-Low-Trendfolge, Tagesdaten (OHLC); Kursziele bestimmen

6. Anwendung in der Praxis

In den Chartbeispielen und in den Workshops haben wir bereits jede Menge praktische Anwendungen der Point & Figure-Methode besprochen – jeweils fokussiert auf die Techniken aus dem entsprechenden Kapitel. Abschließend führen wir nun alles zusammen. Besonderes Augenmerk sollten Sie auch auf den Workshop in diesem Kapitel legen. Es werden hier zwei komplette Analysen und Prognosen durchgesprochen.

Bei der Besprechung der Point & Figure-Darstellung in der Praxis wurden bereits Vorschläge für geeignete Setups für den längerfristigen Investor einerseits und für den eher kurzfristigen Trader andererseits vorgestellt.

6.1 Langfristiges Investieren

Die folgende Abbildung zeigt beispielhaft den DAX im Setup für langfristiges Investieren. Trendlinien sind in längerfristigen Charts deutlich wichtiger, als dies für den Trader der Fall ist. Sie sollten genau ausgewertet werden.

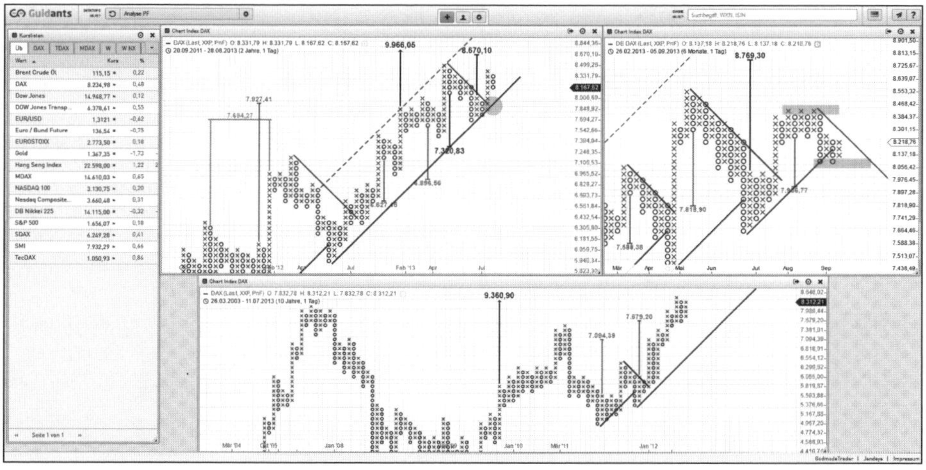

Abbildung 60: Ein Standard-Setup für den aktiven Investor. DAX, WKN 846900, Xetra-Daten, Stand 5.9.2013, Boxgröße 1,0 Prozent, 2,0 Prozent und 0,5 Prozent, Umkehr 3, Tagesdaten, High-Low-Trendfolge (Quelle www.guidants.com)

Betrachten wir die aktuelle Lage (Stand 5.9.2013) genauer.

Langfristig

Das untere Fenster zeigt den DAX mit einer Boxgröße von 2,0 Prozent über mehrere Jahre. Ohne näher in die Darstellung einzutauchen, ist zu erkennen, dass der DAX langfristig deutlich über der 45-Grad-Aufwärtstrendlinie liegt. Ein mögliches Kursziel liegt bei 9.360 Punkten. Die näher liegenden vertikalen Kursziele wurde bereits alle erreicht.

Mittelfristig

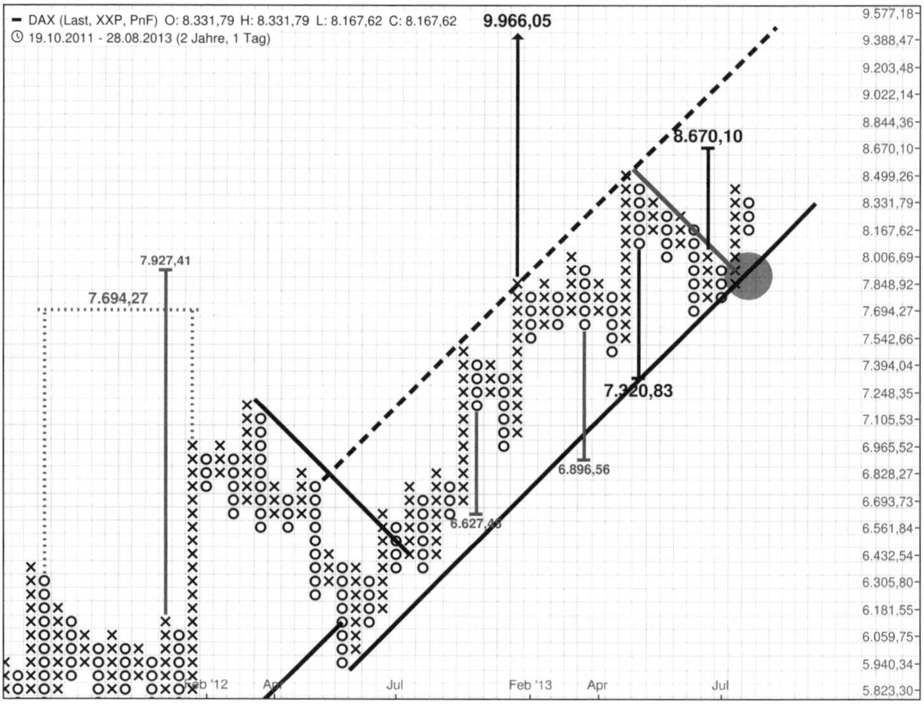

Abbildung 61: P-2 DAX, WKN 846900, Xetra-Daten, Stand 5.9.2013, Boxgröße 1,0 Prozent, Umkehr 3, Tagesdaten, High-Low-Trendfolge

Hier die Vergrößerung des Fensters mit dem DAX bei 1,0 Prozent Boxgröße. Die 45-Grad-Aufwärtstrendlinie ist sehr signifikant und beschreibt das Kursgeschehen sehr gut. Auch eine begrenzende Aufwärtstrendlinie passt, und so erkennen wir den Trendkanal des DAX im P&F-Chart. Es sind aktuell zwei vertikale Kursziele offen: nach oben bei rund 8.670 Punkten und nach unten bei rund 7.320 Punkten. Beide sind aktiviert. Ein Bruch der Trendline (graue Kreismarkierung) wäre ein negatives Zeichen, vor allem wenn anschließend auch ein Verkaufssignal generiert würde. Der Aufwärtstrend ist jedoch intakt.

Kurzfristig

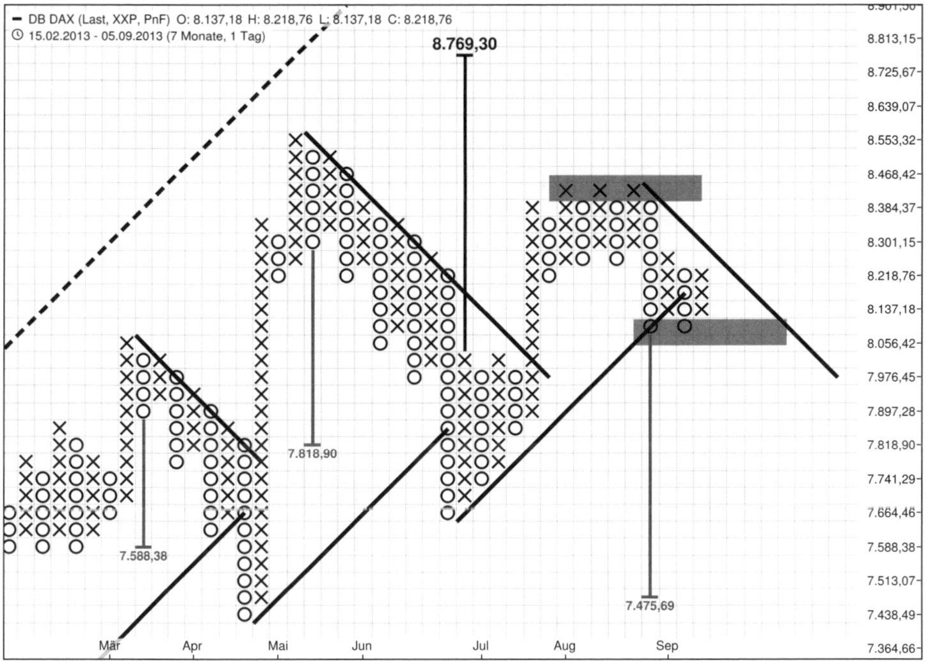

Abbildung 62: P-3 DAX, WKN 846900, Xetra-Daten, Stand 5.9.2013, Boxgröße 0,5 Prozent, Umkehr 3, Tagesdaten, High-Low-Trendfolge

Das kurzfristige Chartbild ist deutlich spannender. Hier steht wohl eine Auflösung mit großer Signalwirkung bevor. Zunächst fällt im Vergleich zur größeren 1-Prozent-Box-Darstellung auf, dass die Aufwärtstrendlinie zerfällt. Die Korrekturen im mittelfristigen Aufwärtstrend etablieren jeweils eine kurzfristige 45-Grad-Abwärtstrendlinie.

Kommen wir zu den vertikalen Kurszielen. Der letzte Wendepunkt nach einer stärkeren Abwärtsbewegung stammt aus dem Juni 2013. Hier konnte ein vertikales Kursziel von rund 8.770 Punkten etabliert werden. Das Ziel wurde aktiviert (durch ein Dreifach-Top im Juli). Das Ziel entspricht dem vertikalen Kursziel des 1-Prozent-Box-Charts. Auch wenn es dort mit 8.670 Punkten berechnet wurde, handelt es sich um die gleiche Aufwärtsbewegung. Die Abweichungen müssen als Rundungsungenauigkeit durchgehen (dies liegt insbesondere daran, dass die Boxintervallgrenzen unterschiedlich sind). Ähnliche Ziele, die sich in Chartdarstellungen verschiedener Boxgrößen finden, bestätigen sich gegenseitig. Daher ist es positiv, dieses Kursziel auch im kurzfristigen Chart vorzufinden.

Kommen wir aber zur spannenden aktuellen Lage (Stand 5.9.2013). Es ist deutlich eine horizontale Widerstandszone bei etwa 8.430 Punkten zu erkennen, die etwa im August 2013 etabliert wurde. Drei Aufwärtsbewegungen fanden hier ihr Ende. Der Ausbruch nach oben wäre ein starkes Kaufsignal (ein gespreiztes Dreifach-Top). Das Kursziel bei 8.670 bis 8.770 wäre hier die nächste mögliche Zielmarke.

Doch befindet sich der DAX aktuell im kurzfristigen Abwärtstrend. Das letzte Signal war ein Verkaufssignal. Der DAX ist also bearish. Würden wir jetzt nicht mit einem Blick auf das mittelfristige Chart erkennen, dass hier aus Käufersicht noch alles »in Ordnung« ist, dann gäbe es bereits durchaus Grund zur Sorge. In jedem Fall wäre ein neues Tief unter die beiden O-Säulen mit Notierungen unter rund 8.055 Punkten ein starkes Verkaufssignal. Ein Dreifach-Boden, gefolgt von einem weiteren Dreifach-Boden, hätte sich gebildet. Als Verbundmuster wäre dies ein bearishes Katapult (das sogar durch einen Dreifach-Boden statt eines zweiten Doppel-Bodens gebildet wäre). In der Folge wäre ein vertikales Kursziel bei 7.475 Punkten aktiviert.

6.2 Kurzfristiges Handeln

Bevor wir uns noch das Setup für den DAX im kurzfristigen Bereich anschauen, sei noch auf einige allgemeingültige Aspekte hingewiesen. Trendlinien sind im Trading weniger hilfreich. Sie werden häufiger gebrochen und würden als alleiniges methodisches Werkzeug zu viele Fehlsignale liefern. Neben 45-Grad-Trendlinien können auch normale Trendlinien zum Einsatz kommen, falls sie signifikant sind. Point & Figure-Muster und -Signale sind hingegen wichtig und bilden eine wesentliche Basis für das Trading.

Weiterhin sei erneut darauf hingewiesen, dass insbesondere beim Trading die praktische Umsetzung von Prognosen noch weitere Kenntnisse erfordert. Risiko- und Geldmanagement sowie die psychologischen Aspekte beim Handeln spielen eine große Rolle (vgl. Welz 2012).

Ein mögliches Standard-Setup wurde bereits im Kapitel 2.6 »Point & Figure-Darstellung in der Praxis« vorgestellt. Auch der Trader benötigt in aller Regel als Orientierungspunkt ein längerfristiges Chart. Der DAX mit der Boxgröße 0,5 Prozent gilt hier als »längerfristig«. Der Trader benötigt auf jeden Fall Intraday-Kursdaten.

Die prozentuale Darstellung ist nicht notwendig für die Charterstellung des Intraday-Kursgeschehens oder das Kursgeschehen weniger Tage. Es gibt hier kaum Abweichungen zur absoluten Boxgröße. Neben der 3er-Umkehr ist auch die Einbeziehung von 1-Box- oder auch 2-Box-Umkehr-Charts möglich.

Wir betrachten abschließend den DAX mit der Boxgröße von 10 Punkten. Damit erfassen wir in der Abbildung etwa 3 Wochen des Kursgeschehens. Zum Vergleich: Die Boxgröße 0,5 Prozent entspricht ungefähr 40 Punkten. Unsere Lupe namens Boxgröße wird also viermal stärker vergrößern. Wir wissen bereits aus der Analyse des 0,5-Prozent-Charts, dass es zwei signifikante Ausbrüche gibt: nach oben über rund 8.430 und nach unten unter 8.055 Punkte mit einem starken bearishen Katapult-Signal.

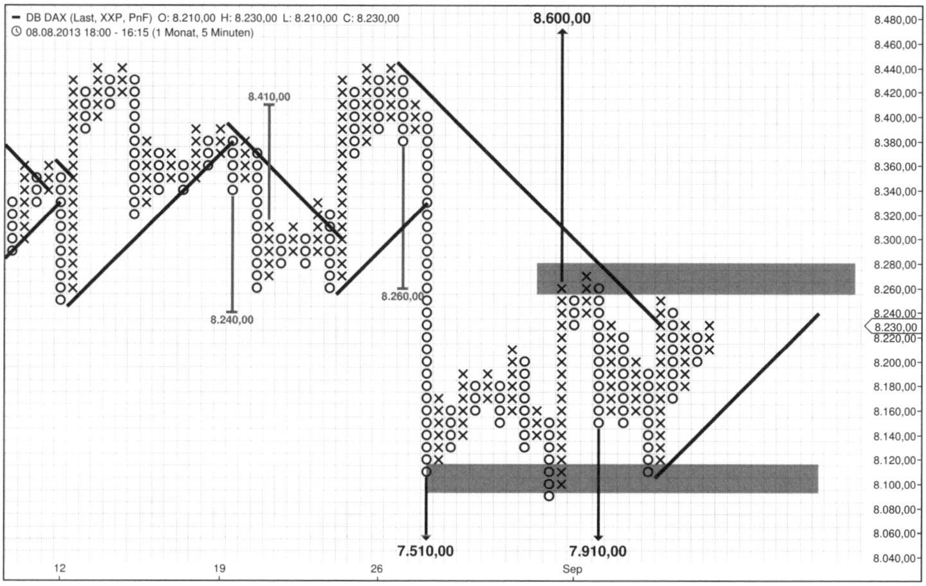

Abbildung 63: DAX, WKN 846900, Xetra-Daten, Stand 5.9.2013, Boxgröße 10 (absolut), Umkehr 3, 5-Minuten-Daten, Schlusskurse

Betrachten wir das 10-Punkte-DAX-Chart genauer (Stand 5.9.2013). Die letzte Abwärtstrendlinie wurde knapp gebrochen. Die Trendlinien haben hier nur relativ geringe Aussagekraft.

Zu den Kurszielen. Ein großes vertikales Kursziel bei rund 8.600 Punkten signalisiert Aufwärtspotenzial. Eine wichtige Hürde auf dem Weg dorthin ist die Zone um 8.270 Punkte. Denn sämtliche Muster und Signale nach dem 8.600er-Kursziel liegen im Schatten der starken X-Säule: Wir erhalten seit Anfang September nur schwache Signale. Die Richtungsentscheidung steht noch aus. Der Bruch nach unten beginnt bei Notierungen unter 8.100 und wäre bei Kursen unter 8.080 Punkten bestätigt. Die letzten Säulen konnten kein starkes Muster bilden. Vielmehr gab es längere Auf- und Abwärtsbewegungen in Folge. Dies unterstreicht, dass wir uns in einer Stauzone befinden, die sich noch auflösen muss.

6.3 Indikatoren bei Point & Figure

Abschließend noch ein Wort zu Indikatoren bei Point & Figure-Charts. Die verschiedenen Indikatoren selbst, ihre Konstruktion, Anwendungsregeln und ihre Interpretation sollen an dieser Stelle nicht besprochen werden. Für manche Indikatoren lässt sich zu Recht ein komplett eigenes Buch finden (z.B. zu Bollinger-Bändern, vergl. Bollinger 2013). Es sei daher der Verweis auf Standardwerke der technischen Analyse wie Murphy (2011), Pring (2002) oder Kirkpatrick/Dahlquist (2010) gestattet.

Indikatoren sind aus den Kursdaten abgeleitete Informationen. Prinzipiell sollte daher mit Bedacht an die Sache herangegangen werden. Übermäßige Komplexität und Über-Optimierung verbessern in der Regel nicht das langfristige Ergebnis. Dennoch gibt es auch keinen generellen Grund, sich nicht mit der Thematik zu beschäftigen. Denn im persönlichen Setup, das sich über die Zeit herausbildet, mag durchaus Platz für zusätzliche, nützliche Informationen sein, die Indikatoren liefern können. Wir haben auch bereits einen speziellen Point & Figure-Marktindikator kennengelernt, den Bullish-Percent-Index.

Es gibt einige Besonderheiten in der Anwendung von Indikatoren im Zusammenhang mit Point & Figure-Charts. Grundsätzlich gilt, dass zur Konstruktion des Indikators statt der Kursdaten der letzten n Zeitperioden (z.B. Tage oder Stunden) die letzten n Säulen genutzt werden. Dabei wird jeweils die mittlere Box einer Säule zur Berechnung herangezogen. Eine Chartsoftware muss dies also auch entsprechend korrekt unterstützen.

- Gleitende Durchschnitte lassen sich auch bei P&F-Charts einsetzen. Die Periodendauer ist eher kürzer, da es sich um die letzten n Säulen handelt.
- Auch andere Indikatoren wie beispielsweise MACD können verwendet werden. Analog zu den gleitenden Durchschnitten werden die P&F-Säulenwerte zur Berechnung genutzt.
- Dasselbe gilt für Bollinger-Bänder. Auch sie können nützlich eingesetzt werden, wobei die Periode kürzer als üblich sein sollte, beispielsweise 10 P&F-Säulen.
- Relative Stärke ist ein einfaches, aber doch mächtiges Konzept für das »Stockpicking«, die Suche nach Aktien, die besser als der Markt performen. Relative-Stärke-Charts (auch Ratio-Charts genannt) können entweder parallel zu Point & Figure-Darstellungen (beispielsweise in einem eigenen Chartfenster) eingesetzt werden, oder aber die relative Stärke wird selbst nicht als Linienchart, sondern als Point & Figure dargestellt und entsprechend interpretiert.

Neben dem Bullish Percent gibt es auch noch die Möglichkeit, für einen Markt automatisch zu bestimmen, ob der Kurs über oder unter der 45-Grad-Trendlinie liegt (bei definierten Darstellungsparametern). Der resultierende Indikator heißt Bullish–Trend-Index.

6.4 Workshop

In den Aufgaben dieses abschließenden Workshops fassen wir alles Gelernte zusammen. Es sind hier vorgegebene »nackte« Point & Figure-Charts zu analysieren, und es ist eine Prognose zu erstellen. Die Analyse sollte alle methodischen Werkzeuge umfassen, die Sie kennengelernt haben: Kursmuster, Trendlinien und Kurszielbestimmungen.

Dieser Aufgabentyp dürfte besonders für all diejenigen hilfreich sein, die sich auf die CFT-Prüfung vorbereiten. Falls Sie sich für die CFT-Prüfungen (CFT:

Certified Financial Technician) vorbereiten, benutzen Sie bitte durchgehend die englischen Begriffe (siehe Glossar).

Aufgabe A: Point & Figure-Chartanalyse und Prognose

Gegeben ist ein Chart des MDAX mit Boxgröße = 150 Punkte, Umkehr = 3, Schlusskurse von Tagesdaten. Wir interessieren uns langfristig für den Index ab dem Kursgeschehen Ende 2008. Analysieren Sie das Chart, und erstellen Sie eine Prognose.

Abbildung 64: MDAX, WKN 846741, Stand 5.9.2013, P&F-Parameter: Box 150 (absolut), Umkehr 3, Schlusskurse, Tagesdaten (OHLC)

Aufgabe B: Point & Figure-Chartanalyse und Prognose

Gegeben ist ein Chart der Deutschen Lufthansa mit Boxgröße = 0,10 Euro, Umkehr = 3, High-Low-Trendfolge, Tagesdaten (OHLC). Wir interessieren uns mittelfristig für die Aktie. Dargestellt ist das Kursgeschehen von März 2013 bis 5. September 2013. Analysieren Sie das Chart, und erstellen Sie eine Prognose.

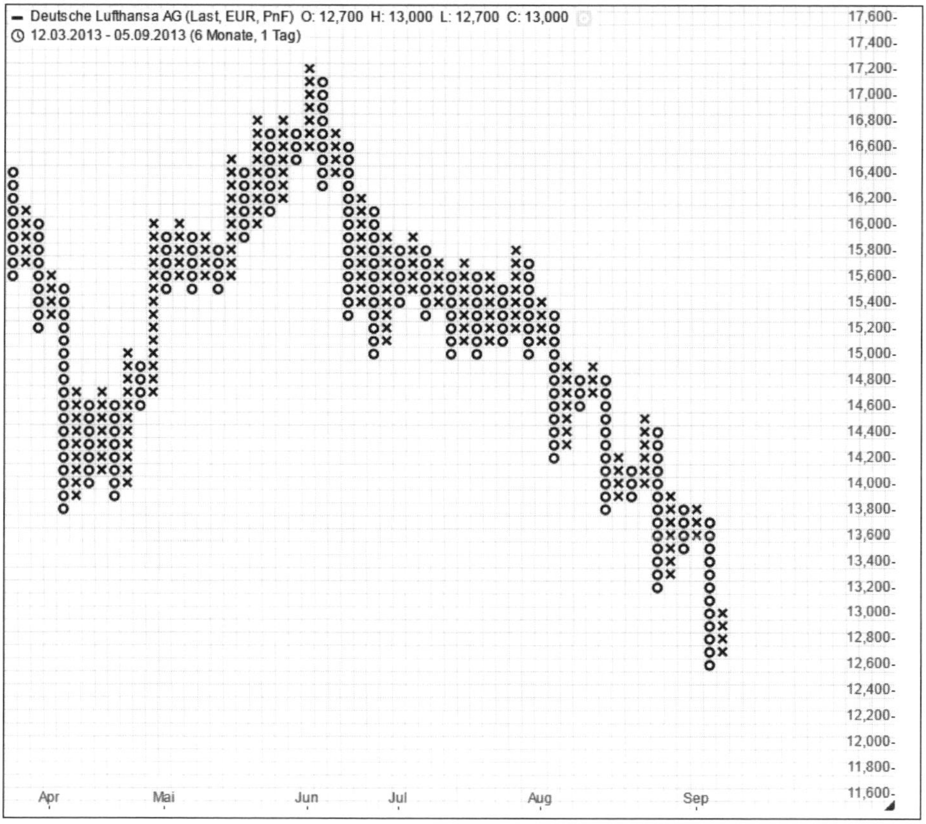

Abbildung 65: Deutsche Lufthansa, WKN 823212, Stand 5.9.2013, P&F-Parameter: Box 0,10 (absolut), Umkehr 3, High-Low-Trendfolge, Tagesdaten (OHLC)

7. Anhang Point & Figure-Algorithmen

Die Ausführungen in diesem Kapitel beschreiben anhand von Pseudocode die Algorithmen im Detail. Pseudocode dient der Veranschaulichung eines Algorithmus auf abstrakter Ebene.

Es geht hier um eine mögliche präzise Beschreibung des Ablaufs bei der Konstruktion von Point & Figure-Charts sowie der Abläufe für Trendlinien und Kursziele – und nicht darum, selbst zu programmieren.

So wie eine Formel kompakt und eindeutig einen mathematischen Zusammenhang beschreibt, so beschreibt ein Algorithmus den genauen Ablauf eines analytischen Vorgangs auf effiziente Art und Weise.

Wer schon einmal programmiert hat, kann die Algorithmen leicht nachvollziehen. Aber auch wer noch nie programmiert hat, kann die Ablauflogik gut verfolgen, denn ausführliche Erläuterungen zum Ablauf stehen jeweils in Kommentar-Klammern: (* Kommentar *)

Pseudocode-Strukturen

`IF a THEN b ENDIF ELSE c` – WENN a gültig ist DANN tue b ENDE. ANSONSTEN tue c

`WHILE a DO b ENDDO` – SOLANGE a gültig ist TUE b ENDE

`a AND b` – a UND b: Beide Bedingungen müssen erfüllt sein

`a OR b` – a ODER b: Eine von beiden Bedingungen muss erfüllt sein

`TRUE` – Wahr: Eine logische Aussage ist wahr

`FALSE` – Falsch: Eine logische Aussage ist falsch

Definitionen

In den Algorithmen werden folgende Abkürzungen verwendet:

S = Boxgröße (box **s**ize) [Wertebereich: Zahl mit mindestens drei Nachkommastellen oder Prozentzahl mit mindestens 1 Nachkommastelle]

R = Umkehr (**r**eversal) [Wertebereich: 1,2,3, … n; in der Praxis genügt maximal n<=5]

B = Boxbezeichnung (**b**ox identifier) [Wertebereich: Zahl mit theoretisch beliebig vielen Nachkommastellen; in der Praxis gerundet auf maximal 4 Nachkommastellen

D = Aktueller Kurs (**d**ata) [Wertebereich: Zahl mit bis zu 4 Nachkommastellen]

Boxtyp (box type) [Wertebereich: X, O]

OHLC-Daten sind die üblichen Kenndaten einer Zeitperiode. OHLC steht für Open, High, Low, Close. (Eröffnungs-, Höchst-, Tiefst- und Schlusskurs).

D_High sei das Kurshoch,

D_Low sei das Kurstief,

D_Close sei der Schlusskurs und

D_Open der Eröffnungskurs.

Korrektes Interpretieren einer Box

Der Wertebereich einer Box hängt davon ab, ob es sich um eine Aufwärtsbewegung X oder eine Abwärtsbewegung O handelt.

```
IF Boxtyp=X THEN D ∈ [B d..B+S[

IF Boxtyp=O THEN D ∈ ]B-S..B]
```

7.1 Konstruktion

Wer hingegen ein tieferes Verständnis für die Konstruktion von Point & Figure-Charts sucht, findet hier die genauen Algorithmen. Auch die verschiedenen Varianten der verwendeten Kursdaten werden erläutert.

Bestimmung des Anfangswertes (erste Box) eines P&F-Charts

Der erste Trendschritt bestimmt den Boxtyp der allerersten Box. Er kann nur entweder XX... oder OO... sein. XO oder OX können keine Sequenz der ersten beiden Boxen sein.

Beispiel Daten (Annahme: Schlusskurse einer Zeitperiode): 1100, 1107, 1110, 1108 ... Boxsize S sei 10 Punkte.

Ist die Box 1100 ein X oder ein O? 1107 gibt noch keinen Aufschluss. Erst 1110 eröffnet eine neue Box nach oben, also ein Aufwärtstrend. Daher wird bei 1100 ein X gezeichnet.

Wäre ausgehend von 1100 zuerst ein Kursdatum <= 1090, dann wäre bei 1100 ein O einzuzeichnen.

Der Basisalgorithmus beschreibt den Ablauf der grundlegenden Point & Figure-Konstruktion.

BasisAlgorithmus (Eingabe: D)

(* Die Parameter Reversal R und Boxgröße S sind fixe Parameter für ein zu zeichnendes Chart. Die einmalige Feststellung ob die erste Box zu einem X oder zu einem O führt sei der Einfachheit bereits bestimmt, und daher ist auch der aktuelle Boxtyp bekannt. Für jeden neuen Kurs D wird nun folgender Algorithmus durchlaufen: *)

(* AUFWÄRTSTREND liegt vor *)

```
IF Boxtyp = X THEN
      IF D >= (B+S) THEN
```

(* FALL I: Prüfe ob Aufwärtstrend verlängert wird und neue X gezeichnet werden müssen *)

```
            WHILE D > B  DO
```

(* Neuer Kurs führt evt. zu einem oder mehreren neuen X *)

```
                    Zeichne (X)
                    B = B+S
```

(* die aktuelle Box ist nun eins größer/höher *)

```
               ENDDO
```

(* solange wiederholen bis der neue Kurs D kein neues X mehr erforderlich macht *)

```
          ENDIF
```

(* → Man denke hier zB auch an Kurslücken oder Kurssprünge die auf einen Schlag Bewegungen über mehrere X auslösen können *)

```
          IF D <= (B-R*S) THEN
```

(* Fall II: Prüfe ob Trendumkehr von X zu O erfolgt. Berücksichtige dabei das Reversal *)

```
               IF Column_Size > 1 THEN NewColum ENDIF
```

(* Test auf Spezialfall des One-Step-Back bei 1-Box Umkehr: WENN die Säule nur aus einer O-Box besteht (Also Column_Size = 1 ist), so wird KEINE neue Säule begonnen, sondern die neue X-Säule wird über die einzelne O-Box gezeichnet. WENN hingegen die Säule aus mehr als einer O-Box besteht – was übrigens auf jeden Fall bei Reversal>1 immer gilt – so beginne eine neue Säule (»NewColumn«) *)

```
               Zeichne ("R-mal ein O")
               B = B-R*S      (* die aktuelle Box ist nun R kleiner *)
               Boxtyp=O (* ab sofort O-Säule *)
```

(* Fast fertig: Aber: Kurssprung/Kurslücke? Neuer Kurs führt eventuell zu noch mehr O-Boxen als durch das Reversal als Minimum vorgegeben sind und zuvor eingezeichnet wurden *)

```
               IF D <= (B-S) THEN
```

(* Prüfe ob weites O gezeichnet werden muss *)

```
                    WHILE D < B  DO
                        Zeichne (O)
                        B = B-S
```

(* die aktuelle Box ist nun eins kleiner/niedriger *)

```
                    ENDDO
```

(* wiederholen bis der neue Kurs D keine neue O-Box mehr erforderlich macht *)

```
               ENDIF

          ELSEIF  NIL
```

(* Fall III: Nichts tun: weder neue X noch neue O sind zu verzeichnen *)

```
ENDIF
```

```
(* ABWÄRTSTREND liegt vor *)
IF Boxtyp=O THEN
(* dasselbe Verfahrensprinzip wie zuvor bei Boxtyp=X - nur spiegelbildlich *)
     IF D <= (B-S) THEN
(* Fall I: Prüfe ob Aufwärtstrend verlängert wird und neue O gezeichnet werden müssen *)
          WHILE D < B  DO
(* Neuer Kurs führt eventuell zu einem oder mehreren neuen O *)

               Zeichne (O)
               B = B-S
(* die aktuelle Box ist nun eins größer/höher *)
          ENDDO
(* solange wiederholen bis der neue Kurs D kein neues X mehr erforderlich macht *)
     ENDIF
(* → Man denke hier zB auch an Kurslücken oder Kurssprünge die auf einen Schlag
Bewegungen über mehrere O auslösen können *)

     IF D >= (B+R*S) THEN
(* Fall II: Prüfe ob Trendumkehr von O zu X erfolgt. Berücksichtige dabei das Reversal *)
          IF Column_Size > 1 THEN NewColum ENDIF
(* Test auf Spezialfall des One-Step-Back bei 1-Box Umkehr: WENN die Säule nur aus
einer O-Box besteht (Also Column_Size = 1 ist), so wird KEINE neue Säule begonnen,
sondern die neue X-Säule wird über die einzelne O-Box gezeichnet. WENN hingegen
die Säule aus mehr als einer O-Box besteht – was übrigens auf jeden Fall bei Rever-
sal>1 immer gilt – so beginne eine neue Säule (»NewColumn«) *)
          Zeichne ("R-mal ein X")
          B = B+R*S
(* die aktuelle Box ist nun R größer *)
          Boxtyp=X
(* ab sofort X Säule*)
(* Fast fertig: Aber: Kurssprung/Kurslücke? Neuer Kurs führt eventuell zu noch mehr
X als durch das Reversal als Minimum vorgegeben sind und zuvor eingezeichnet
wurden*)
          IF D >= (B+S) THEN
(* Prüfe ob weites X gezeichnet werden muss *)
               WHILE D > B  DO
                    Zeichne (X)
                    B = B+S
(* die aktuelle Box ist nun eins größer/höher *)
```

```
                ENDDO
(* solange wiederholen bis der neue Kurs D kein neues ENDIF X mehr erforderlich
macht *)
            ENDIF
        ELSEIF  NIL
(* Fall III: Nichts tun: weder neue O noch neue X sind zu verzeichnen *)
ENDIF
```

Fall 1: Die Kursdaten liegen als Tick-Daten vor

Tick-Daten bedeutet, dass jede einzelne Transaktion (an einem bestimmten Handelsplatz) zur Konstruktion des Charts herangezogen wird. Der sequenzielle Strom der Kursdaten ist genau genommen zeitlos. So können beispielsweise in einer Sekunde 5 Transaktionen – mit unterschiedlichen Preisen – über den Ticker laufen, danach könnte auch eine Minute nichts Neues geschehen.

Das Chart wird mit jedem neuen Tick-Datensatz aktualisiert. Dies ist die historisch korrekte Methode für Point & Figure-Charts.

In der Praxis wird diese Methode heutzutage sehr selten verwendet, da es bei liquiden Finanzinstrumenten nur bei sehr kurzfristigem Trading sinnvoll wäre. Millionen von Datensätzen würden keine erkennbare Veränderung im Chart bewirken. Der Rechenaufwand wäre hingegen immens. Praxisnäher für den Trader wären beispielsweise 5-Minuten- oder 1-Minuten-Zusammenfassungen des Kursgeschehens in Form von OHLC-Datensätzen.

Weiterhin müssten auch Datenanbieter für Tick-Daten gefunden werden. Die Kosten könnten dabei signifikant bis exorbitant sein.

Fall 2: Close (c) – Schlusskurs-Methode

Das Verfahren entspricht dem Tick-Daten-Verfahren, wobei der Basisalgorithmus jeweils mit dem Schlusskurs D_Close der Zeitperiode durchlaufen wird. Das Verfahren mit Schlusskursen wird häufig angewendet.

Fall 3: High/Low (h/l) – High-Low-Trendfolge-Methode

Hier wird ENTWEDER das High ODER das Low verwendet. Der Name High-Low suggeriert, dass sowohl der Höchstkurs als auch der Tiefstkurs eine Rolle spielen. Es wird jedoch immer zuerst das Extremum in Trendrichtung ausgewertet. Führt dies zu einer oder mehreren neuen Boxen, so wird die Gegenbewegung ignoriert – auch wenn diese zu einer Trendumkehr führen würde. Eine treffendere Bezeichnung wäre wohl »High-oder-Low«-Algorithmus oder »High-/Low-Trendfolge«-Algorithmus.

Es ist das am meisten verwendete Verfahren – neben der Schlusskurs-Methode.

Das Verfahren bedeutet lediglich eine kleine Modifikation des Basisalgorithmus, was jedoch zu deutlich mehr Boxen führt und – im Vergleich zum Schlusskurs P&F-Chart – mehr Dynamik zeigt.

```
(* Fall A) Aufwärtstrend: *)
IF Boxtyp = X THEN
(* Dann prüfe, ob D_High zu einer oder mehreren neuen X-Boxen führt *)
      Basisalgorithmus (D_High)
      IF "Neue X-Boxen gezeichnet"
      THEN fertig.
(* Fertig: Der Tiefstkurs wird ignoriert, selbst wenn dieser zu einem Reversal und zu
neuen O-Boxen führen würde. Der Trend wird also bevorzugt *)
      ELSE
(* D_High führt zu keinem neuen X. Prüfe, ob D_Low zu neuen O-Boxen führt *)
            Basisalgorithmus (D_Low)
ENDIF
```

```
(* Fall B) Abwärtstrend: (entsprechend spiegelbildlich) *)
IF Boxtyp = O THEN
(* Dann prüfe, ob D_Low zu einer oder mehreren neuen O-Boxen führt *)
      Basisalgorithmus (D_Low)
      IF "Neue O-Boxen gezeichnet"
      THEN fertig.
(* Fertig: Der Höchstkurs wird ignoriert, selbst wenn dieser zu einem Reversal und zu
neuen X-Boxen führen würde. Der Trend wird also bevorzugt *)
```

```
        ELSE
(* D_Low führt zu keinem neuen X. Prüfe, ob D_High zu neuen X-Boxen führt *)
                BasisAlgorithmus (D_High)
ENDIF
```

Das Verfahren setzt bevorzugt auf den bestehenden Trend und ist somit quasi asymmetrisch. Das ist auch eine Schwachstelle – beispielsweise bei einer Trendwende im Tagesverlauf (Intraday) mit starker Gegenbewegung. Die Trendwende wird im High/Low-P&F-Chart zunächst nicht angezeigt, erst am nächsten Tag (höchstwahrscheinlich). Dieser Fall kommt allerdings relativ selten vor.

Wichtig: Zudem lässt sich das Chart wesentlich dadurch verbessern, indem die Zeitperiode von zum Beispiel »Tag« auf kleinere Zeitperioden wie »Stunde« umgestellt wird – sofern die dazu benötigten Kursdaten zur Verfügung stehen.

Das High-Low-Trendfolge-Verfahren wird sehr häufig verwendet. Es wurde je nach Quelle 1947 von Earl Blumenthal eingeführt (Kirkpatrick/Dahlquist 2010) oder 1948 von Abe W. Cohen (du Plessis 2012) unter Verwendung von Tagesdaten. Zusammen mit der 3-Box-Umkehr wurden diese Parameter später in weit verbreiteten Chart-Services verwendet (Chart-Service meint hier den Verkauf von Hand gezeichneter Charts – bevor es Computer gab –, wie beispielsweise der »Chartcraft Service«).

Fall 4: Low/High (l/h) – High-Low-Trendumkehr-Methode

Ähnlich wie High/Low wird auch hier ENTWEDER das High ODER das Low verwendet. Der Name Low-High suggeriert, dass sowohl der Tiefstkurs als auch der Höchstkurs eine Rolle spielen. Es wird jedoch immer zuerst – im Gegensatz zum High/Low-Algorithmus – das Extremum gegen die Trendrichtung ausgewertet. Führt dies zu einer oder mehreren neuen Boxen, so wird die Trendrichtung ignoriert – auch wenn diese zur Trendfortsetzung führen würde. Eine bessere Bezeichnung wäre daher »High-/Low-Trendumkehr«-Algorithmus.

```
(* Fall A) Aufwärtstrend: *)
IF Boxtyp = X THEN
(* Dann prüfe, ob D_Low zu einer Trendumkehr mit O-Boxen führt *)
```

```
    Basisalgorithmus (D_Low)
    IF »Neue O-Boxen gezeichnet«
    THEN fertig.
```
(* Fertig: Der Höchstkurs wird ignoriert, selbst wenn dieser zur Trendfortsetzung und zu neuen X-Boxen führen würde. Der Trend wird also benachteiligt *)
```
    ELSE
```
(* D_Low führt zu keiner Umkehr. Prüfe, ob D_High zu neuen X-Boxen führt *)
```
        Basisalgorithmus (D_High)
ENDIF
```

(* Fall B) Abwärtstrend: (entsprechend spiegelbildlich) *)
```
IF Boxtyp = O THEN
```
(* Dann prüfe, ob D_High zu einer Trendumkehr mit X-Boxen führt *)
```
    Basisalgorithmus (D_High)
    IF »Neue X-Boxen gezeichnet«
    THEN fertig.
```
(* Fertig: Der Tiefstkurs wird ignoriert, selbst wenn dieser zur Trendfortsetzung und zu neuen O-Boxen führen würde. Der Trend wird also benachteiligt *)
```
    ELSE
```
(* D_High führt zu keiner Umkehr. Prüfe, ob D_Low zu neuen O-Boxen führt *)
```
        Basisalgorithmus (D_Low)
ENDIF
```

In der Praxis unterscheidet sich diese Variante im Ergebnis kaum von der Standard-High-Low-Trendfolge-Methode, wenn alle sonstigen Einstellungen identisch sind.

Fall 5: Open-High-Low-Close (OHLC)-Methode

Hier werden alle vier Werte hintereinander durch den Basisalgorithmus (kurz BA) gejagt, so als ob es sich um vier Schlusskurse handeln würde.

Die Reihenfolge ist hierbei wie folgt definiert:

```
IF D_Close > D_Open THEN Sequenz für BA ist OLHC
IF D_Close < D_Open THEN Sequenz für BA ist OHLC
IF D_Close = D_Open = D_Low THEN Sequenz für BA ist OHLC
IF D_Close = D_Open = D_High THEN Sequenz für BA ist OLHC
```

```
IF D_Close = D_Open AND D_Close "liegt näher bei D_Low als
bei D_High" THEN Sequenz für BA ist OHLC
IF D_Close = D_Open AND D_Close "liegt näher bei D_High als
bei D_Low" THEN Sequenz für BA ist OLHC
IF D_Close = D_Open AND D_Close "liegt genau mittig zwischen
D_High und D_Low" THEN
IF Boxtyp = X THEN Sequenz für BA ist OHLC ENDIF
     ELSE (* Boxtyp ist also O *) THEN Sequenz für BA ist OLHC ENDIF
ENDIF
```

Was hier doch recht kompliziert anmutet, ist eher eine Verzweiflungstat: Man holt sozusagen das Letzte aus der (OHLC)-Information heraus. In der Praxis viel sinnvoller wäre es, die OHLC-Zeitperiode zu verkleinern und mit den Standardverfahren mit Schlusskursen oder der High-Low-Trendfolge-Methode zu arbeiten.

Auch hier gilt: In der Praxis unterscheidet sich diese Variante im Ergebnis kaum von der Standard-High-Low-Trendfolge-Methode, wenn alle sonstigen Einstellungen identisch sind.

Fall 6: Verwendung abgeleiteter Preisdaten

Es gibt prinzipiell auch noch weitere Möglichkeiten, aus eine OHLC-Zeitperiode einen Kurs abzuleiten, mit welchem dann der Point & Figure-Basisalgorithmus ausgeführt wird.

Bekannt ist beispielsweise der Typische Preis (typical price):

```
D_Typical = (D_High+D_Low+D_Close) / 3
```

Erneut lässt sich festhalten: In der Praxis liefert dieser Variante ein kaum unterschiedliches Ergebnis im Vergleich zur Standard-High-Low-Trendfolge-Methode, wenn alle sonstigen Einstellungen identisch sind.

Boxgröße in Prozent

Alle folgenden Verfahren unterscheiden sich nicht, wenn die Boxgröße nicht in absoluten Punktwerten, sondern in Prozent parametrisiert wird. Der Rechenschritt B = B+S ist hier lediglich mit Prozentwerten durchzuführen.

Zu beachten ist, dass zum Beispiel bei einem Reversal von 3 und einer Boxgröße von 1,0 Prozent der Term

B= B –R*S sequenziell berechnet wird und nicht parallel:

Falsch ist daher B = B -3*1,0 %.

Richtig ist vielmehr

B = (B – 1,0 %), dann

B = (B – 1,0 %), dann

B = (B – 1,0 %)

Somit wird B nicht um 3 Prozent kleiner, sondern um 2,97 Prozent.

Als Folge ergeben sich »krumme Zahlen« in der Preisachse oder bei Kursberechnungen.

7.2 Trendlinien

Algorithmus für 45 Grad Trendlinien in Pseudocode

```
(* Initialisierung: Beginne das Chart mit einer Aufwärts- oder Abwärtstrendlinie wie folgt: *):
IF Erste Säulenkombination=OX THEN zeichne (Aufwärtstrendlinie) ENDIF
IF Erste Säulenkombination=XO THEN zeichne (Abwärtstrendlinie)  ENDIF
```

```
IF Aufwärtstrend AND Boxtyp=O THEN
(*nur O-Säule kann Aufwärtstrend brechen *)
     IF "Box B liegt vollständig und ohne Berührung unter
     Aufwärtstrendlinie"
     THEN Trendbruch(B)= TRUE
     ELSE Trendbruch(B)= FALSE
     ENDIF
ENDIF
IF Trendbruch = TRUE
(* ... dann suche neue Abwärtstrendlinie *)
THEN
     X-column = "Säule mit höchstem X des vorigen Aufwärtstrends"
(* Randbemerkung (a) *)
     gefunden =  FALSE
(* Hypothese: noch keine neue Trendlinie gefunden *)
     WHILE gefunden = FALSE DO
(* solange die neue Abwärtstrendlinie noch nicht gefunden wurde... *)
          IF UninterruptedTrendline (X-column) = TRUE
(* Prüfe ob eine ununterbrochene Abwärtstrendlinie konstruiert werden kann. Wenn
ja: Fertig. Randbemerkung (b) *)
          THEN gefunden = TRUE
          ELSE X-column = X-column +1
(* Ansonsten: Betrachte die benachbarte, rechts liegende X-Säule; Randbemerkung (c) *)
          ENDIF
     ENDDO
     zeichne (Abwärtstrendlinie)
ENDIF
(* Im Falle Trendbruch (B) = FALSE ist nichts zu tun: kein Trendbruch, die Trendlinie
hat weiter Bestand *)

IF Abwärtstrend AND Boxtyp=X THEN
(* nur X-Säule kann Abwärtstrend brechen *)
     IF "Box B liegt vollständig und ohne Berührung über Ab-
     wärtstrendlinie"
     THEN Trendbruch(B) = TRUE
     ELSE Trendbruch(B) = FALSE
     ENDIF
IF Trendbruch = TRUE
(* ... dann suche neue Aufwärtstrendlinie *)
```

```
THEN
     O-column = "Säule mit tiefstem O des vorigen Abwärts-
     trends"
     gefunden =  FALSE (* Hypothese: noch keine neue Trendlinie gefunden *)
     WHILE gefunden = FALSE DO
(* solange die neue Aufwärtstrendlinie nicht gefunden wurde... *)
          IF UninterruptedTrendline (O-column) = TRUE
(* Prüfe ob eine ununterbrochene Aufwärtstrendlinie konstruiert werden kann. Wenn
ja: Fertig *)
          THEN gefunden  = TRUE
          ELSE O-column = O-column +1
(* Ansonsten: betrachte die benachbarte, rechts liegende O-Säule *)
          ENDIF
     ENDDO
     zeichne (Aufwärtstrendlinie)
ENDIF
(* Im Falle Trendbruch(B) = FALSE ist nichts zu tun: kein Trendbruch, die Trendlinie
hat weiter Bestand *)
```

Randbemerkungen

- (a) »Höchstes X des vorigen Aufwärtstrends«. Ein Hochpunkt (oder Tiefpunkt) in einem definierten Säulenintervall (= der vorigen Trendlinie) zu finden ist relativ leicht zu automatisieren Das Kästchengitter wurde für die Point & Figure-Darstellung der Kursdaten ja vorher berechnet.

Weiterhin kann es mehrere Boxen auf derselben Höhe, also mehrere Hochpunkte geben. Für den Algorithmus ist es eigentlich egal, welchen man auswählt. Das schnellste Ergebnis wird jedoch gefunden, wenn der am weitesten rechts liegende X-Hochpunkt gewählt wird. Denn bei gleich hohen X-Boxen werden alle bis auf die am weitesten rechts ansetzende Trendlinie unterbrochen. Analog gilt dasselbe beim Suchen einer neuen Aufwärtstrendlinie. Wir suchen das »Tiefste O des vorigen Abwärtstrend«.

- (b) Kästchen auf der Trendlinie zählen bereits als Unterbrechung. Weiterhin: Es muss nur nach rechts schauend auf Unterbrechung getestet werden. Gäbe es links eine Unterbrechung, so wäre ein höheres Hoch beziehungsweise tieferes Tief vorhanden, was per Definition nicht sein kann.

- (c) Das Vorgehen funktioniert wie hier angegeben, jedoch wäre es effizienter, nicht die rechts benachbarte Säule zu betrachten, sondern direkt zu derjenigen Säule zu springen, welche die Unterbrechung der versuchsweisen Trendlinie verursacht hat. Im Ergebnis läuft der Algorithmus dadurch schneller.

Die Funktionalitäten des Testens auf Trendbruch und des Testens auf ununterbrochene Trendlinie sowie das Feststellen, ob eine Box »vollständig ohne Berührung« jenseits einer 45-Grad-Trendlinie liegt, wird nicht weiter detailliert. Es handelt sich um allgemeine geometrische Funktionen. Hier soll es uns darum gehen, auf abstrakter Ebene das Vorgehen bei einer Automatisierung aufzuzeigen, so wie wir auch bei den Point & Figure-Konstruktionsalgorithmen vorgegangen sind.

Somit wird deutlich: Die 45-Grad-Trendlinien sind eindeutig zu konstruieren und damit Teil des objektiven methodischen Regelwerks der 3-Punkt-Umkehr bei Point & Figure.

7.3 Kurszielbestimmung

Vertikal

Für die Berechnung eines vertikalen Kursziels wird eine Säule ausgewählt.

Der Zielwert (Count) für eine Säule errechnet sich wie folgt:

```
IF Boxtyp=X THEN Basis=Unterste_Box(X-Column)-Boxgröße
(* Eine Box unter dem Tief der X-Säule *)
     Zielwert = Basis + Boxanzahl × S × R
(* Basis + Boxanzahl × Boxgröße × Umkehr *)
ENDIF
IF Boxtyp=O THEN Basis=Oberste_Box(O-Column)-Boxgröße
(* Eine Box über dem Hoch der O-Säule *)
     Zielwert = Basis – Boxanzahl × S × R
(* Basis – Boxanzahl × Boxgröße × Umkehr *)
ENDIF
```

Horizontal

Für die Berechnung eines horizontalen Kursziels werden zwei Säulen ausgewählt. Sie definieren die Ränder der Stauzone. Zum einen die linke Eingangssäule (linke Wand) und zum anderen die rechte Ausbruchssäule (rechte Wand). Die Kombination der beiden Säulen (Boxtyp) muss entweder OX oder XO sein. OO oder XX ist nicht möglich.

Der Zielwert (Count) errechnet sich wie folgt:

```
IF Boxtyp=OX THEN
(* Ausbruch nach oben aus einer horizontalen Stauzone *)
    Basis = Tiefste_Box innerhalb der definierten Stauzone
    Zielwert = Basis +(Anzahl_Säulen × S × R)
(* Anzahl Säulen ist die Anzahl der Säulen zwischen der O-Eintrittssäule und der X-Ausbruchssäule. Die Begrenzungssäulen zählen mit *)
ENDIF
IF Boxtyp=XO THEN
(* Ausbruch nach unten aus einer horizontalen Stauzone *)
    Basis = Höchste_Box innerhalb der definierten Stauzone
    Zielwert = Basis -(Anzahl_Säulen × S × R)
(* Anzahl Säulen ist die Anzahl der Säulen zwischen der X-Eintrittssäule und der O-Ausbruchssäule. Die Begrenzungssäulen zählen mit *)
ENDIF
```

8. Anhang Workshop-Lösungen

8.1 Kapitel 2: »Point & Figure-Darstellung«

Aufgabe A: Chartfehler finden

1. Erläuterungen der Fehler

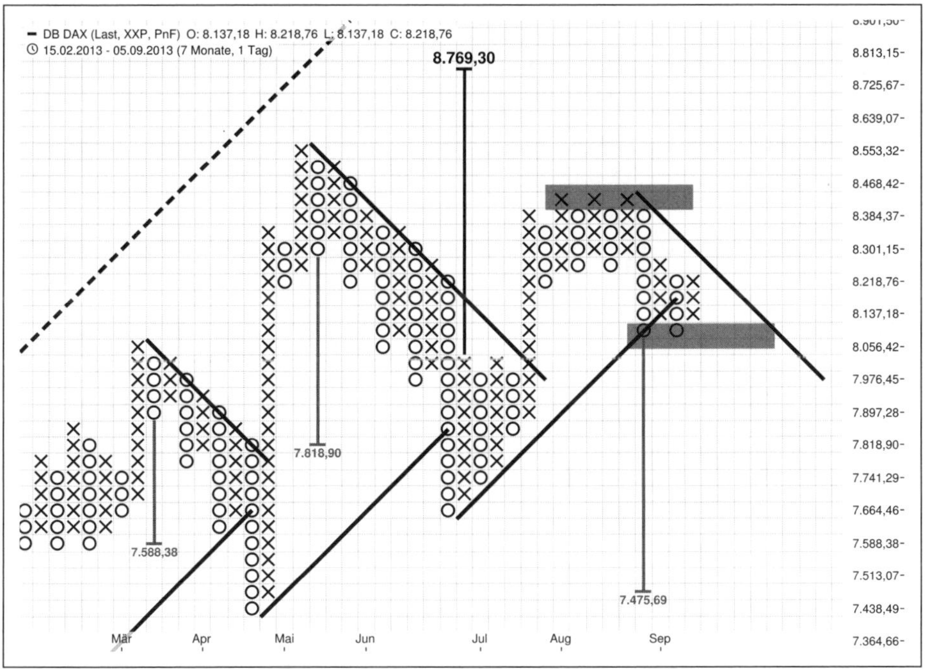

Abbildung 66: Point & Figure-Chart mit Fehlern (Boxgröße 10 und Umkehr = 3) – Lösung

☐ Die 0-Säule kann nicht auf gleicher Höhe stehen wie das Hoch der vorigen X-Säule.

☐ Zwar könnte der Auslöser der 3er-Umkehr ein Kurssprung auf 840 oder größer gewesen sein, jedoch werden die Boxen auf dem Weg dorthin immer gefüllt. Es muss daher auch ein X bei 820 stehen.

- ☐ Bei einer 3er-Umkehr muss jede Säule aus mindestens 3 Boxen bestehen.

- ☐ Siehe 2. Auch hier muss die O-Säule ab 860 beginnen. Kurslücken werden immer aufgefüllt.

- ☐ Ebenso wenig sind Kurslücken innerhalb der Säule erlaubt (auch wenn es keine Kursdaten für diese Box gäbe).

- ☐ Gemischte Säulen gibt es nur bei der 1-Box-Umkehr mit One Step Back. Die O-Säule kann zudem nur eingezeichnet werden, wenn eine 3er-Umkehr vorliegt. Dies ist hier nicht der Fall. Die Säule ist also komplett falsch. Stattdessen wäre – wenn die Daten korrekt sind – die vorige X-Säule weiter nach oben fortzuschreiben.

2. Die Boxgröße spielt keine Rolle bezüglich der Darstellungsfehler. Die Preisskala auf der linken vertikalen Achse ist nicht notwendig, um die Fehler zu erkennen.

Aufgabe B: P&F-Boxen genau lesen

Fragen:

1. Welcher Kurs ist notwendig, um eine weitere X-Box einzuzeichnen?

2. Welcher Kurs ist notwendig, damit eine Umkehr erfolgt?

3. Bei welchem Kurs wäre hier ein neues lokales Tief erreicht?

Zur Beantwortung dieser Fragen wiederholen wir eine wichtige Regel: Der Wertebereich einer Box hängt davon ab, ob es sich um eine Aufwärtsbewegung X oder eine Abwärtsbewegung O handelt. Eine X-Box steht für Kursdaten größer oder gleich der Boxbezeichnung. Eine O-Box steht für Kursdaten kleiner oder gleich der Boxbezeichnung.

zu 1) Die X-Säule läuft vom Tief bei 20 bis zum Hoch bei 23. Eine neue X-Box ergibt sich daher bei Kursen von 24,00 US-Dollar oder größer.

zu 2) Eine 3er-Umkehr bedeutet, dass drei O-Boxen bei 22, 21 und 20 einzuzeichnen wären. Dies geschieht, wenn der Silberkurs bei 20,00 US-Dollar oder weniger notiert.

Zu 3) Das letzte Tief zeigt die unterste O-Box der vorigen O-Säule. Diese liegt bei 19. Ein neues Tief bedeutet eine O-Box bei 18. Silber müsste also auf 18,00 US-Dollar oder tiefer fallen.

Aufgabe C: P&F-Darstellung allgemein

Betrachten Sie erneut die Datensequenz aus den Konstruktionsbeispielen:

Sequenz A:
59,5 - 59,1 - 60,0- 60,0 - 60,0 - 60,5 - 60,8 - 61,8 - 60,8 - 60,2 - 60,0 - 59,5 - 58,8 - 59,6 - 59,8 - 60,0 - 61,0 - 63,9 - 60,0 - 59,8 - 59,5 - 59,0 - 57,9 ....

1. Wie sieht das Point & Figure-Chart mit Boxgröße 1 und Umkehr (reversal) 2 aus?

2. Wie sieht das Point & Figure-Chart mit Boxgröße 1 und Umkehr (reversal) 5 aus?

Zu 1) Das Point & Figure-Chart mit Boxgröße 1 und Umkehr (reversal) 2 sieht im Ergebnis genauso aus wie Abbildung 8. Die Säulen bestehen bereits jeweils aus zwei Boxen.

zu 2) Das Point & Figure-Chart mit Boxgröße 1 und Umkehr (reversal) 5 sieht im Ergebnis genauso aus wie Abbildung 11. Die Säulen bestehen bereits jeweils aus fünf Boxen. Anmerkung: Allerdings wäre nach Aufbau der X-Säule mit dem Hoch bei Box 63 die Umkehr erst erfolgt, wenn ein Kurs bei 58,0 oder tiefer notiert. Dies ist erst mit dem allerletzten Kursdatum (57,9) der Fall. Erst zu diesem Zeitpunkt wären fünf O einzuzeichnen. Wenn wir beispielsweise aus der Sequenz A den letzten Kurs (57,9) entfernen, dann wäre das Chart nur eine einzige Säule aus fünf X-Boxen. Die Gegenbewegung war noch nicht ausreichend.

Aufgabe D: Ein P&F-Chart lesen

1. Welche Einstellungen für die Boxgröße und welche Umkehr (Reversal) wurden hier verwendet?

2. Ist ersichtlich, ob hier die Konstruktion mittels Schlusskursen oder unter Berücksichtigung von Höchst- und Tiefstkursen durchgeführt wurde?

zu 1) Ein Chart sollte idealerweise die wichtigen Einstellungsparameter, mit welchen es konstruiert wurde, anzeigen. Teilweise (je nach Software) werden diese üblicherweise als Legende in das Chart eingefügt. In der gezeigten Abbildung ist dies nicht der Fall. Die Boxgröße lässt sich aber in jedem Fall anhand der Preisachse ableiten (eventuell etwas mühsam, wenn es sich um Prozentskalierung handelt). Die Boxgröße ist hier 20. Die Umkehr lässt sich normalerweise aus dem Chartbild ableiten. In der Abbildung besteht jede Säule aus drei oder mehr Boxen. Umkehrwerte größer als 3 scheiden aus. Es handelt sich höchstwahrscheinlich um eine 3er-Umkehr mit Boxgröße 20, wobei genau genommen nur die Mindestumkehrgröße erkannt werden kann. Es könnte sich hier tatsächlich auch um einer 2er-Umkehr handeln. Beispielsweise zeigt auch die Abbildung 8 ein korrekt konstruiertes 1-Box-Chart. Wir können jedoch nur feststellen, dass die Umkehr 2 oder kleiner war (aufgrund einer O-Säule mit 2 Boxen).

zu 2) Welche Art der Kursdaten (Algorithmus) verwendet wurde (z. B.Schlusskurse oder High-Low-Trendfolge), ist ebenfalls von großer Bedeutung und sollte immer angegeben werden. Ebenso welche zeitliche Auflösung die Kursdaten haben (z. B.Tagesdaten oder 5-Minuten-Daten?). Dies ist in der Abbildung leider nicht erkennbar.

8.2 Kapitel 3: »Trendlinien«

Aufgabe A: Frage & Antwort

Zu subjektiven Trendlinien allgemein:

1. Kann ein Primärtrend trendlos sein?

2. Was ist eine »vorläufige Trendlinie«?

3. Was zeichnet eine signifikante Trendlinie aus?

4. Welche Fallen lauern bei der Chartanalyse mittels Trendlinien?

zu 1) Ja, ein mehrjähriger Seitwärtstrend ist im klassischen Trendkonzept möglich.

zu 2) Eine Trendlinie, die nur durch zwei Punkte definiert ist.

zu 3) Die Signifikanz einer Trendlinie ist eine Funktion ihrer Länge, Anzahl der Berührungspunkte und des Steigungswinkels. Siehe hierzu Unterkapitel »Gute und schlechte Trendlinien«.

zu 4) Subjektives Auslegen bezüglich der Konstruktion oder der Frage, wann genau eine Trendlinie gebrochen ist. Siehe hierzu Unterkapitel »Probleme mit dem Trendlinienkonzept«.

Aufgabe B: Chartanalyse

Beschreiben Sie die Signifikanz der Trendlinien (3) und (4).

Trendlinie (3):

Signifikant: langfristige Trendlinie, moderate Steigung, gültige Trendlinie mit vier Auflagepunkten.

Problematisch: Nach den ersten drei Auflagepunkten entfernt sich der Kurs weit von der Trendlinie. Die Abwärtsbewegung hat sich beschleunigt. Hier wäre es wohl empfehlenswert, eine zweite, steilere Trendlinie zusätzlich einzuzeichnen. Wie in der folgenden Abbildung gezeigt, hat auch diese zweite Trendlinie (gestrichelt) vier Auflagepunkte, und der Trendbruch war signifikant (Pfeil).

Abbildung 67: Trendlinie 3 genauer betrachtet

Trendlinie (4):

Signifikant: langfristige Trendlinie, moderate Steigung, gültige Trendlinie mit vier Auflagepunkten.

Hinweis: Wenn man genau hinschaut und in das Chart hineinzoomt, dann zeigt sich, dass die Auflagepunkte etwas unsauber sind. Aber das ist hier tolerabel und eine Frage der (notwendigen) Toleranzgrenze (siehe auch Kapitel 4.4).

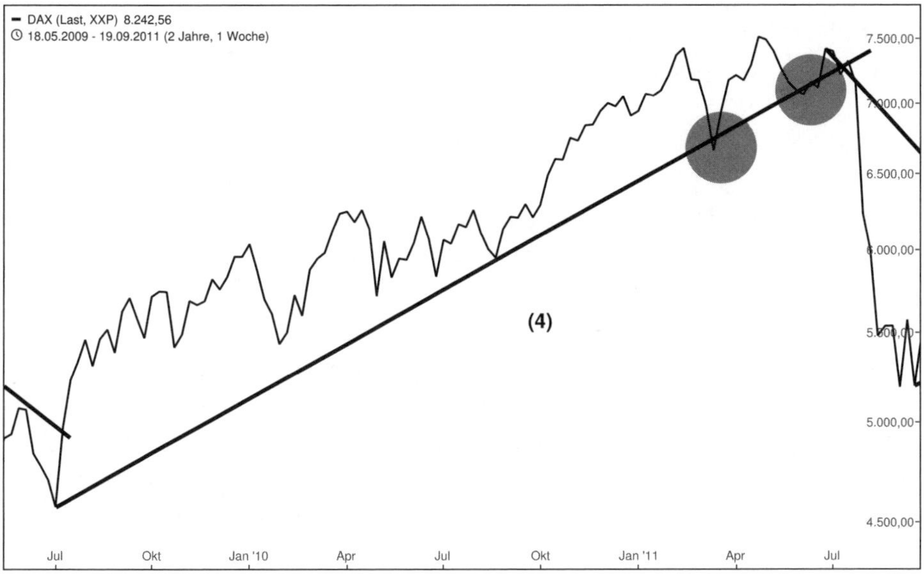

Abbildung 68: Trendlinie 4 genauer betrachtet

Aufgabe C: Frage & Antwort

Zu 45-Grad-Trendlinien:

1. Gibt es einen Seitwärtstrend bei Point & Figure?

2. Zwei erfahrene Analysten haben jeweils dasselbe Point & Figure-Chart vor sich und zeichnen unabhängig voneinander die 45-Grad-Trendlinien ein. Unterscheidet sich das Ergebnis?

3. Wann bleibt eine 45-Grad-Trendlinie unverändert?

   a) Umkehrgröße wird verändert

   b) Boxgröße wird verändert

   c) Skalierung wird zwischen absolut und prozentual (logarithmisch) geändert

   d) Statt Schlusskursen wird der High-Low-Trendfolge-Algorithmus verwendet

e) Statt High-Low-Trendfolge-Algorithmus wird der Low-High-Trendumkehr-Algorithmus verwendet

4. Was zeichnet eine signifikante 45-Grad-Trendlinie aus?

zu 1) Nein. Zu jedem Zeitpunkt gibt es entweder eine gültige Aufwärtstrendlinie (bullish support line) oder eine gültige Abwärtstrendlinie (bearish resistance line).

zu 2) Nein. Die Regeln zum Zeichnen von objektiven Trendlinien sind eindeutig. Ein Hinweis am Rande: In der Praxis kann es selbst bei gleichen Parametereinstellungen geringfügige Unterschiede geben, wenn die zugrunde liegenden Kursdaten unterschiedlich sind (z. B.unterschiedlicher Handelsplatz oder selbst bei gleichem Handelsplatz unterschiedliche Kursdaten).

zu 3) In allen Fällen a bis e **kann** sich die betrachtete Trendlinie ändern. In den meisten Fällen wird sie sich sogar sehr wahrscheinlich ändern. Betrachten Sie hierzu auch die Abbildungen im Unterkapitel »Parametrisierung und 45-Grad-Trendlinien«. Vor allem: Werden Sie selbst aktiv. Betrachten Sie einen Wert von Interesse und variieren Sie die Parameter. Sie bekommen nur durch Erfahrung ein Gefühl dafür, wann beispielsweise eine Trendlinie in mehrere Teile zerbricht und wann sie gegebenenfalls zusammenwachsen könnte.

zu Frage 3 e: Eine etwas schwierige Frage, bei der es notwendig ist, die Konstruktionsweise des Point & Figure-Charts zu kennen. Die High-Low-Trendfolge-Methode verwendet die Höchst- und Tiefstkurse der Zeitperiode (z.B. Tageskursdaten), wobei bei der Konstruktion die Trendrichtung bevorzugt wird. Die Low-High-Trendumkehr-Methode verwendet ebenfalls die Höchst- und Tiefstkurse der Zeitperiode (z.B. Tageskursdaten), wobei bei der Konstruktion jedoch zuerst die Umkehr der Trendrichtung gesucht und – falls vorhanden – bevorzugt wird. Daher können sich auch hier – bei sonst gleichen Parametern – die Ergebnisse unterscheiden. In der Praxis sind die Unterschiede jedoch minimal, und die Trendlinien dürften genau oder fast genau gleich verlaufen.

zu 4) Es gilt auch hier das Grundprinzip für alle Trendlinien allgemein: Eine 45-Grad-Trendlinie ist umso signifikanter, je häufiger sie bestätigt wird. Diese Bestätigung erfolgt durch Abprall an der 45-Grad-Trendlinie.

Aufgabe D: Chartanalyse

Zeichnen Sie alle korrekten 45-Grad-Trendlinien ein.

Abbildung 69: Aufgabe D – Lösung

Kommentierung: Hier fällt auf, dass der Aufwärtstrend in mehrere Teile zerbrochen ist. So erhalten wir keine signifikanten Trendlinienstrukturen. Es empfiehlt sich daher, auf jeden Fall zusätzlich eine Veränderung der Parameter zu prüfen. Der erste Schritt ist üblicherweise die Veränderung der Boxgröße. Da wir das »Zusammenwachsen« der Aufwärtstrends suchen, müssen wir die Boxgröße vergrößern.

Betrachten Sie das Chartbild mit Boxgröße 0,75 Prozent und auch mit 1,0 Prozent. Sie erhalten als Ergebnis in beiden Fällen sehr signifikante Aufwärtstrendlinien (DAX im Zeitraum Juni 2012 bis Juli 2013).

Aufgabe E: Chartanalyse

1. Zeichnen Sie signifikante interne Trendlinien ein.

2. Zeichnen Sie ebenfalls die begrenzenden Trendlinien (Bullish-resistance-Linien und Bearish-support-Linien) ein und bewerten Sie diese.

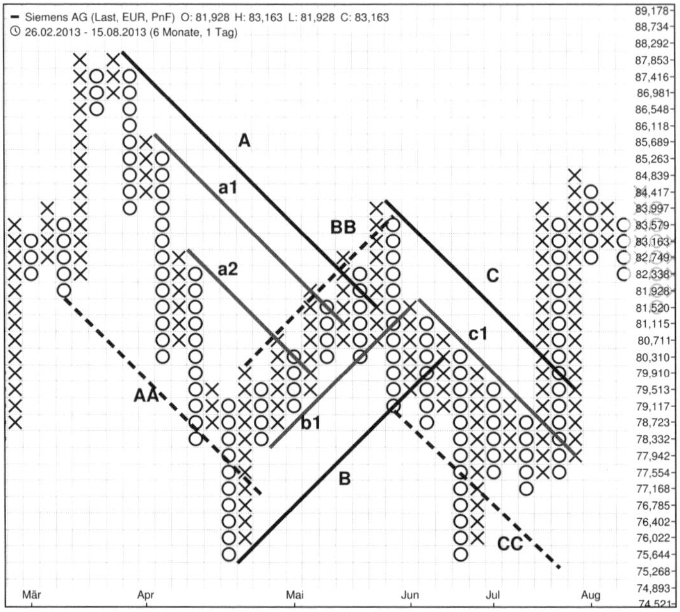

Abbildung 70: Aufgabe E – Lösung

Kommentierung:

zu 1) Während die 45-Grad-Trendlinien selbst nicht besonders hilfreich sind – das ist tendenziell bei kurzfristigen Darstellungen von Aktienkursen beziehungsweise Darstellungen mit kleinen Boxgrößen häufiger der Fall –, finden wir hier eine ganze Reihe von guten, signifikanten internen Trendlinien vor. Insbesondere b1 und c1 beschreiben den Trendverlauf sehr gut.

zu 2) Schwieriger gestaltet sich die Suche nach sinnvollen Trendkanälen. Die stützende Aufwärtstrendlinie AA wurde nach links schauend von der letzten signifikanten 0-Säule ausgehend eingezeichnet. Sie kann zwar zunächst einen bestätigenden Abprall vorweisen, doch anschließend wird die Linie deutlich nach unten durchbrochen. Sie muss nicht eingezeichnet werden. Ähnliches gilt auch für die stützende Trendlinie CC, auch sie ist eher fehl am Platz.

Im Gegensatz dazu ist die begrenzende Aufwärtstrendlinie BB (bullish resistance line) sehr signifikant. Aber in der Praxis hilft dies wenig: Denn der Trendbruch des Aufwärtstrends A erfolgte so spät, dass die Kanallinie BB schon fast wieder beendet war und der Trendbruch von B in Kürze folgte. Das Signal für den trendfolgenden Handel erfolgte zu spät.

In diesem Fall ist es wichtiger, die Konstruktionsparameter zu ändern, um ein Point & Figure-Chart zu finden, das besser zu dem Kursmuster des Finanzinstrumentes passt.

8.3 Kapitel 4: »Muster und Signale«

Aufgabe A: Muster identifizieren

Identifizieren und benennen Sie alle Muster, die zu Verkaufssignalen führen.

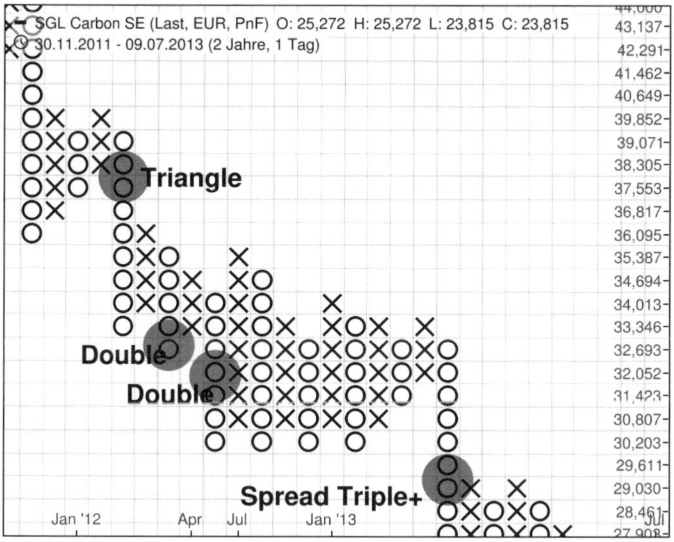

Abbildung 71: SGL Carbon – Muster mit Verkaufssignalen finden

Kommentierung von links nach rechts:

- Ein (kleines) ansteigendes Dreieck (Triangle)
- Einfaches Verkaufssignal (Double)
- Einfaches Verkaufssignal (Double)

- Gespreizter Dreifach-Boden (Spread Triple Bottom). Sogar ein »Fünf-fach-Boden«. Diese Stauzone mit einer klaren Unterstützung (Box bei rund 30,2 Euro) wurde nach unten gebrochen.

Aufgabe B: Schwache und starke Signale

Identifizieren Sie alle schwachen und starken Signale aus der vorigen Abbildung 53. Begründen Sie dies sowohl für die identifizierten Verkaufssignale als auch für mögliche Kaufsignale.

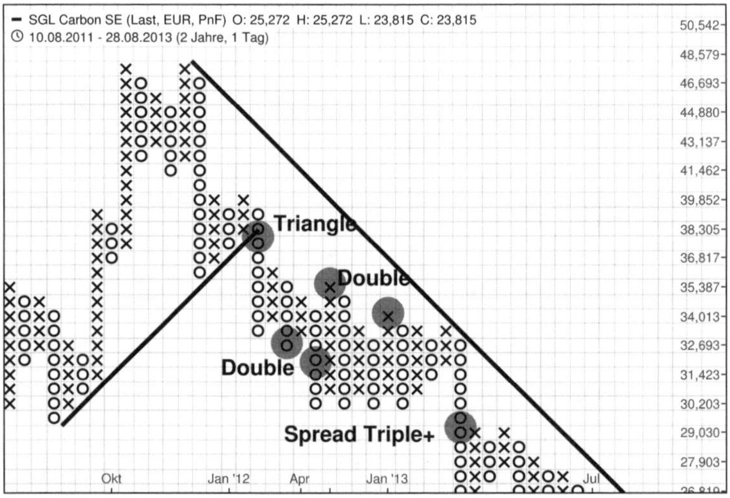

Abbildung 72: SGL Carbon – starke und schwache Signale

Zuerst zu den bereits aufgelisteten Verkaufssignalen von links nach rechts:

- ☐ Ein (kleines) ansteigendes Dreieck. Signal ist zunächst schwach (im Schatten der links liegenden dominanten O-Säule). Allerdings sehen wir nun auch die 45-Grad-Trendlinien. Und hier bekommt das Muster eine besondere Bedeutung: Durch das Dreiecks-Verkaufssignal wurde auch gleichzeitig die 45-Grad-Aufwärtstrendlinie nach unten gebrochen. Der neue Trend zeigt abwärts. Daher ist das Signal letztlich stark.

- ☐ Die folgenden beiden einfachen Verkaufssignale (Doppel-Boden) sind stark. Die Gegenbewegung ist schwach (fallende X-Säulen), und die Signale liegen in Trendrichtung.

- ☐ Gespreizter Dreifach-Boden. Ein sehr starkes Signal. Zum einen der Bruch einer klar definierten Unterstützung, zum anderen in Trendrichtung. Die X-Säulen-Gegenbewegungen wurden ebenfalls tendenziell schwächer.

Kaufsignale entstanden ebenfalls bei der Ausbildung der Stauzone beziehungsweise gespreiztem Dreifach-Boden. Es wurden hier unter der Trendlinie zwei einfache Kaufsignale ausgebildet (siehe obere Kreismarkierungen bei dem Text »Double«).

- ☐ Einfaches Kaufsignal 1. Es kann als neutral gewertet werden. Es wäre eine potenzielle Trendwende, die vorige längere O-Säule wurde komplett zurückgehandelt und ein neues lokales Hoch gebildet. Dies wäre ein starkes Signal. Da das Muster jedoch unter der 45-Grad-Abwärtstrendlinie liegt und da es das erste Kaufsignal nach einer Folge von Verkaufssignalen bildet, ist Vorsicht angesagt.

- ☐ Einfaches Kaufsignal 2. Hier handelt es sich um ein klassisches schwaches Signal. Es entstand innerhalb einer links liegenden X-Säule (und auch O-Säule). Erst ein Ausbruch über das Hoch der X-Säule, die das einfache Kaufsignal 1 gebildet hat, hätte hier Stärke der Käufer demonstriert.

Aufgabe C: Stabmuster

Identifizieren Sie alle hohen und tiefen Stabformationen. Dabei sollen nur Stäbe betrachtet werden, die mindestens eine Höhe von 9 Boxen haben. Waren die Formationen erfolgreich?

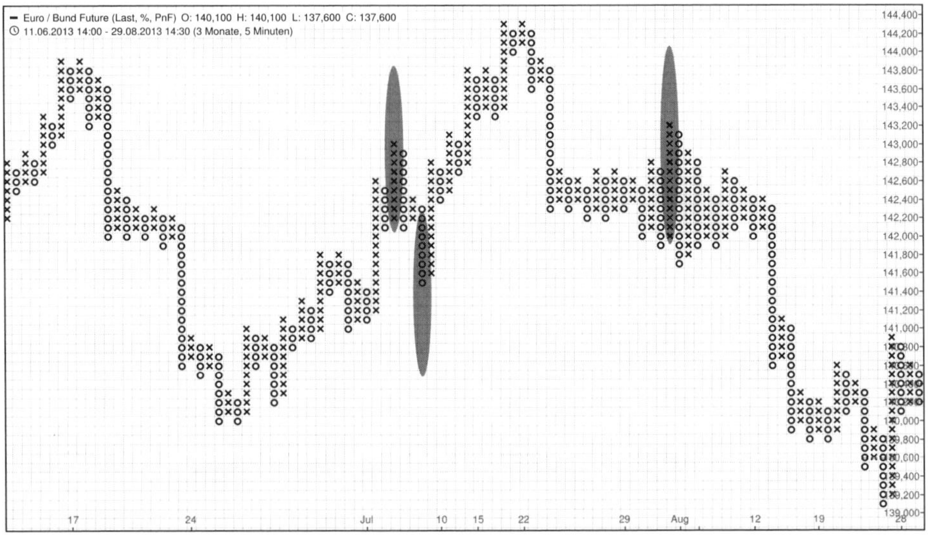

Abbildung 73: Bund Future – Stabmuster

Es können drei Stäbe länger als 9 Boxen identifiziert werden. Von links nach rechts:

- Hoher Stab – die Gegenbewegung war erfolgreich (erfolgreich unter der Annahme eines Einstiegs bei der ersten möglichen Box über 50 Prozent der Gegenbewegung und Ausstieg beim ersten Verkaufssignal). Das Ausstiegssignal erfolgte durch den nächsten gegenläufigen Stab, der ein Kaufsignal lieferte.

- Tiefer Stab – erfolgreich. Ein Long-Einstieg durch das frühe Stabsignal war hier sehr erfolgreich. Erst unter dem Jahreshoch erfolgte das erste Verkaufssignal.

- Hoher Stab – neutral. Zwar gibt der Stab die richtige Tendenz (»abwärts«) an. Doch das schwer zu handelnde Muster der folgenden Säulen zeigt auch neue – wenn auch schwache – Kaufsignale, die ggf. zum Ausstieg führten.

8.4 Kapitel 5: »Kursziele«

Aufgabe A: Kursziele bestimmen und bewerten

Bestimmen Sie relevante vertikale und horizontale Kursziele. Kommentieren Sie die Ziele. Wurden sie erreicht? Gibt es ungültige Ziele?

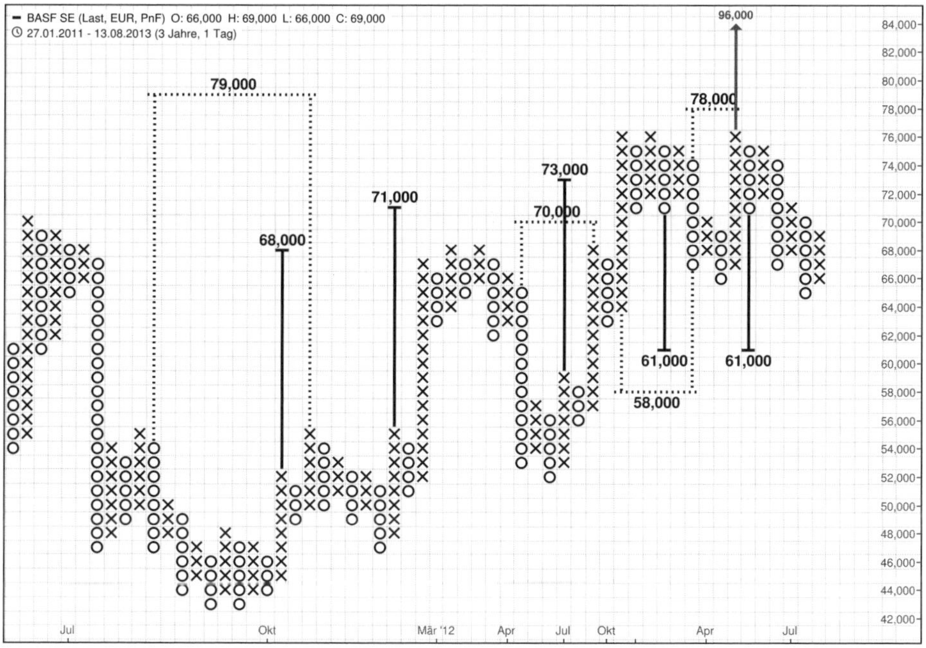

Abbildung 74: BASF – Kursziele

Ausführliche Kommentierung der Ziele:

Im Wesentlichen sehen wir hier eine langfristige Aufwärtsbewegung, ausgehend von einer Trendwende (Fulcrum) im Jahre 2011. Die aktuelle Abwärtsbewegung kann sowohl eine Korrektur als auch Teil einer oberen Trendwende in Arbeit sein.

Betrachten wir zunächst die vertikalen Kursziele: Die Ziele 68,00/71,00/73,00/96,00 sind jeweils Aufwärtsziele, die an einem signifikanten Wendepunkt ansetzen, entweder als Ausbruch aus der Trendwende (68,00) oder als Ziele nach einem Wendepunkt einer Korrekturphase. Das erste ursprüngliche Ziel 68,00 wurde in der Folge genau erreicht. Die Ziele

71,00 und 73,00 wurden ebenfalls erreicht und übertroffen. Das Ziel 96,00 wurde nie aktiviert (kein Kaufsignal über dieser X-Säule) und ist inzwischen ungültig, da die letzte O-Säule unter die Basis gefallen ist.

Die Abwärtsziele 61,00 und 61,00 stimmen überein, jedoch wurde das linke 61,00 – Ziel (knapp) ungültig, da die X-Säule, aus der das Ziel 96,00 abgeleitet werden kann, über die Basis der 61,00 – Säule kletterte.

Fazit aus der Analyse der vertikalen Ziele: Alle Kursziele nach oben wurden erreicht und abgearbeitet. Das letzte Ziel wurde ungültig. Ein Abwärtsziel ist aktiviert und gültig. Insgesamt mahnt dies zur Vorsicht.

Betrachten wir nun die horizontalen Kursziele: Aus dem Fulcrum 2011 ergibt sich ein Kursziel von 79,00. Es wäre auch möglich, ein etwas niedrigeres horizontales Kursziel zu bestimmen, indem die rechte Wand eine X-Säule weiter nach links geschoben wird. Horizontale Kursziele sind hier weniger eindeutig und klar in Bezug auf die Begrenzung der Stauzone. Zwei weitere Kursziele – 70,00 und 78,00 – zeigen eine Schwachstelle auf: Wenn eine Stauzone nur eine geringe Breite hat, was bei einer 3-Box-Umkehr häufig vorkommt, so ist das Kursziel schon fast erreicht, wenn die rechte Wand als Ausbruch klar erkennbar wird. Das Kursziel 78,00 ist ungültig, denn die Basis wurde inzwischen unterschritten.

Fazit aus der Analyse der horizontalen Ziele: Es gibt noch ein sehr weit zurückreichendes Kursziel nach oben bei 79,00 und ein Abwärtskursziel von 58,00.

Aufgabe B: Kursziele bewerten

Welche Ziele sind noch nicht aktiviert? Welche Ziele sind nicht mehr gültig? Begründen Sie Ihre Antworten.

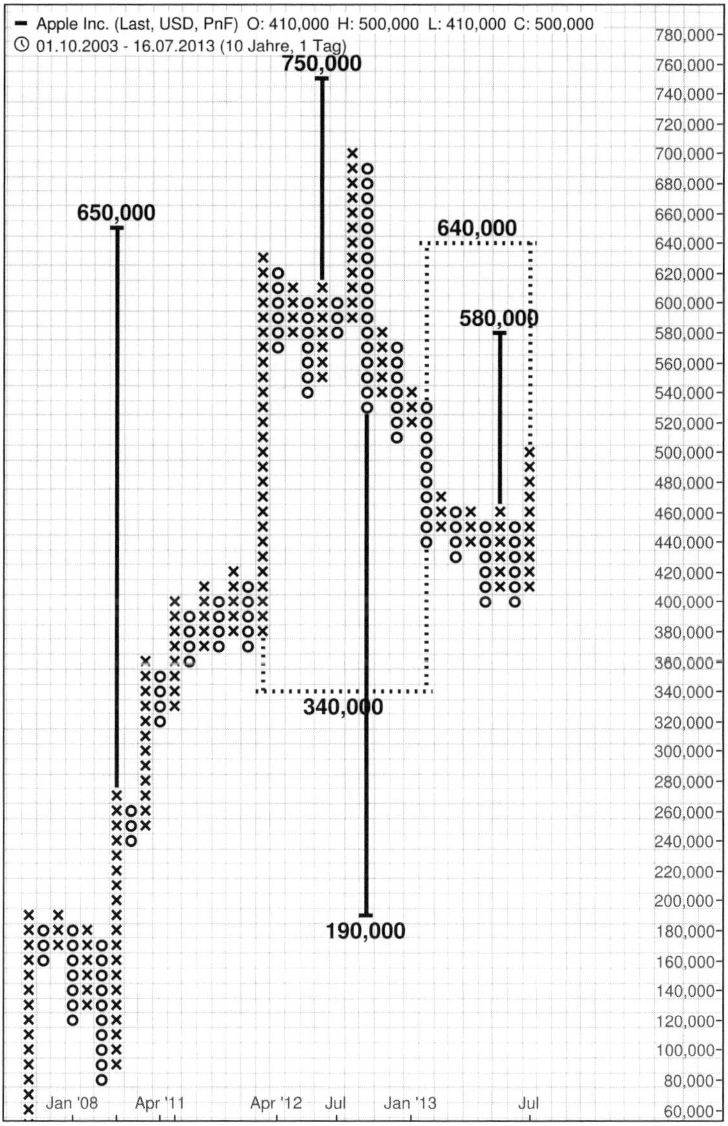

Abbildung 75: Apple – Kursziele bewerten

☐ Das vertikale Kursziel 650 wurde erreicht.

☐ Das vertikale Kursziel 750 wurde nicht erreicht. Es wurde ungültig durch die O-Säule, die das Kursziel 190 gebildet hat.

☐ Das vertikale Kursziel 190 ist gültig und aktiviert.

☐ Das vertikale Kursziel 580 ist gültig und aktiviert.

☐ Das horizontale Kursziel 340 ist gültig.

☐ Das horizontale Kursziel 640 ist gültig.

Hinweis: Die näheren Ziele haben größere Priorität. 580 und 640 sind daher die aktuellen Zielmarken. Mittelung wäre möglich: 580 + 640 / 2 = 610. Langfristig stehen hier jedoch auch starke Abwärtskursziele im Raum.

8.5 Kapitel 6: »Anwendung in der Praxis«

Aufgabe A: Point & Figure-Chartanalyse und Prognose

Gegeben ist ein Chart des MDAX mit Boxgröße = 150 Punkte, Umkehr = 3, Schlusskurse von Tagesdaten. Wir interessieren uns langfristig für den Index ab dem Kursgeschehen Ende 2008. Analysieren Sie das Chart, und erstellen Sie eine Prognose.

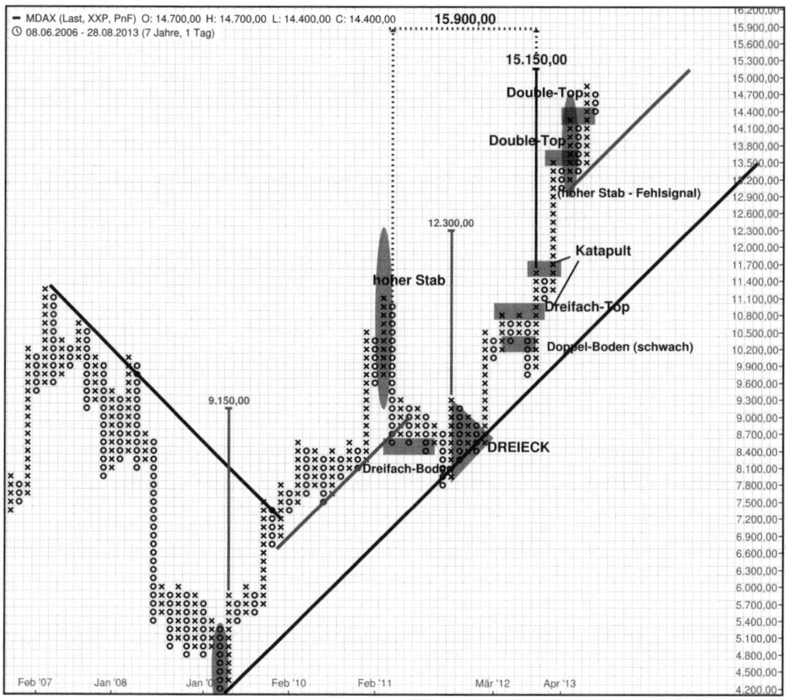

Abbildung 76: MDAX, WKN 846741, Stand 5.9.2013, P&F-Parameter: Box 150 (absolut), Umkehr 3, Schlusskurse, Tagesdaten (OHLC)

Hinweis: Alle Berechnung konnen von Hand (bzw. Taschenrechner) durchgeführt werden. Die Boxgröße ist ein absoluter Wert und erlaubt dies ohne allzu großen Aufwand. 45-Grad-Trendlinien laufen exakt als Diagonale durch die quadratischen Kästchen. Sie können daher leicht mit einem Lineal eingezeichnet werden.

Analyse:

Es handelt sich um eine langfristige Analyse, das Chartbild umfasst mehrere Jahre. Mit lediglich zwei 45-Grad-Trendlinien lässt sich der Trendverlauf beschreiben. Der Abwärtstrend wurde im Laufe des Jahres 2009 gebrochen, und ein Aufwärtstrend hat sich etabliert, der auch aktuell noch gültig ist. Die Trendlinie wurde mehrfach bestätigt (2011, 2012) und ist daher signifikant. Im Jahre 2011 ergab sich eine stärkere Korrektur. Im Zuge der Bodenbildung hat sich ein symmetrisches Dreieck gebildet. Der Ausbruch aus dem Dreieck war zugleich der Ausbruch aus der Stauzone. Das vertikale Kursziel von 12.300 wurde inzwischen abgearbeitet.

Es folgte eine starke Aufwärtsbewegung mit einer weiteren signifikanten Korrektur im Jahre 2012. Das hier etablierte vertikale Kursziel von 15.150 Punkten ist aktiviert und noch offen. Ein weiteres mögliches horizontales Kursziel liegt bei 15.900 Punkten. Ein starkes Signal ergab sich durch ein bullishes Katapult im Jahre 2012. Die letzten zwei Kaufsignale waren Doppel-Tops. Auch ein hoher Stab mit einem Fehlsignal könnte identifiziert werden. Mit einer Ausdehnung von 8 Boxen ist die Stabformation jedoch schwach ausgeprägt.

Prognose:

Die letzten Kaufsignale sind ungebrochen. Die offenen Kursziele zeigen noch etwas Potenzial. Ein neues einfaches Kaufsignal ergibt sich, wenn das alte Jahreshoch um eine Box übertroffen wird. Dies wäre bei Kursen über 15.000 Punkten der Fall.

Jedoch liegt die starke Aufwärtsphase mit starken Signalen (Katapult) bereits länger zurück. Insbesondere hat sich der Kurs inzwischen weit von der Aufwärtstrendlinie nach oben abgesetzt. Eine Korrektur wäre durchaus plausibel. Im Falle von Rücksetzern bietet eine interne 45-Grad-Trendlinie Unterstützung. Diese liegt aktuell bei etwa 13.500 Punkten. Bricht der Kurs durch diese Unterstützung, so wäre bei Notierungen unter 13.200 Punkten ein erstes Verkaufssignal möglich. In diesem Fall wäre auch eine ausgedehntere Korrektur zu erwarten.

Für die frühzeitige Erkennung einer möglichen Top-Bildung und Trendumkehr empfiehlt sich eine Analyse des MDAX bei kleineren Boxgrößen, wie etwa 50 Punkte.

Anmerkung: In einer Kommentierung müssen nicht alle im Chart eingezeichneten Muster und Ziele ausführlich beschrieben werden. Der Schwerpunkt liegt auf der Frage, was uns aktuell im Hinblick auf eine Prognose interessiert. Die Prognose selbst ist durchaus auch subjektiv. Das ist in Ordnung, solange die Begründung auf den Fakten beruht, welche die Chartanalyse liefert und auch im Chart eingezeichnet oder markiert sind.

Falls Sie sich für die CFT-Prüfungen vorbereiten, benutzen Sie bitte durchgehend die englischen Begriffe (siehe Glossar).

Aufgabe B: Point & Figure-Chartanalyse und Prognose

Gegeben ist ein Chart der Deutschen Lufthansa mit Boxgröße = 0,10 Euro, Umkehr = 3, High-Low-Trendfolge, Tagesdaten (OHLC). Wir interessieren uns mittelfristig für die Aktie. Dargestellt ist das Kursgeschehen von März 2013 bis 5. September 2013. Analysieren Sie das Chart, und erstellen Sie eine Prognose.

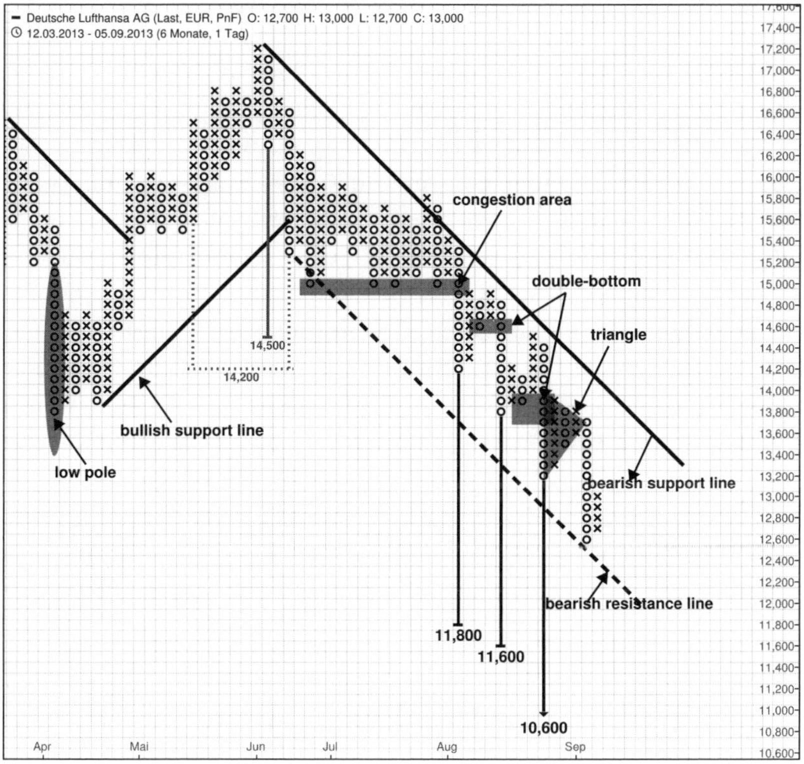

Abbildung 77: Deutsche Lufthansa, WKN 823212, Stand 5.9.2013, P&F-Parameter: Box 0,10 (absolut), Umkehr 3, High-Low-Trendfolge, Tagesdaten (OHLC)

Hinweis: Alle Berechnung können von Hand (bzw. Taschenrechner) durchgeführt werden. Die Boxgröße ist ein absoluter Wert und erlaubt dies ohne allzu großen Aufwand. 45-Grad-Trendlinien laufen exakt als Diagonale durch die quadratischen Kästchen. Sie können daher leicht mit einem Lineal eingezeichnet werden.

In diesem Chart wurden englische Begriffe verwendet, da auch diese häufig in der Praxis vorzufinden sind.

Analyse:

Es handelt sich um eine kurz- bis mittelfristige Analyse der Aktie der Deutschen Lufthansa. Anfang Juni 2013 kam es zu einer Trendwende. Die hier etablierte Abwärtstrendlinie (bearish support line) hat aktuell noch Gültigkeit. Es lässt sich auch ein Trendkanal abschätzen mittels einer begrenzenden Abwärtstrendlinie (bearish resistance line); ebenfalls eingezeichnet. Hier prallte jüngst der Kurs ab. Das letzte Signal war ein symmetrisches Dreieck mit Ausbruch nach unten (triangle). Der Chart ist daher bearish. Die ursprünglichen Kursziele der Trendumkehr von 14,50 Euro (vertikal) und 14,20 Euro (horizontal) wurden abgearbeitet. Die Abwärtsbewegung gewann an Stärke, als eine Stauzone im Juli nach unten aufgelöst wurde. Die Ausbruchssäule ergibt ein vertikales Kursziel von 11,80 Euro. Das darauffolgende einfache Verkaufssignal (single sell aus einem Double-Bottom-Muster) ergibt ein weiteres vertikales Kursziel von 11,60 Euro und bestätigt so das erste Kursziel. Beide Abwärtskursziele sind aktiviert. Ein weiteres nachfolgendes vertikales Kursziel (10,60 Euro) kann bereits etabliert werden und ist ebenfalls aktiviert.

Mögliche vertikale Kursziele nach oben könnten zwar formell eingezeichnet werden, sind jedoch allesamt ungültig (da die intakte Abwärtsbewegung durch deren Basis gebrochen wäre). Daher hier nicht eingezeichnet.

Prognose:

Der aktuelle Zustand ist klar bearish. Trendfolger sollten abwarten, bis sich ein neues Kaufsignal etabliert hat und zudem die Abwärtstrendlinie gebrochen wurde. Würde sich die aktuelle Aufwärtsbewegung (letzte X-Säule) weiter fortsetzen, so wäre ein Trendbruch bei Kursen über 14,30 Euro erfolgt. Ein erstes Kaufsignal – jedoch schwach, da noch unter der Abwärtstrendlinie – könnte sich bei direkter Fortsetzung der X-Säule bei Notierungen über 13,90 Euro ergeben.

Setzt sich die Abwärtsbewegung hingegen fort, so gilt, dass ein neues Tief auch zugleich ein neues Jahrestief darstellt. Die nächsten Kursziele liegen bei rund 11,70 Euro (Mittelung aus 11,80 und 11,60) und darunter bei 10,60 Euro. Die Ziele sind aktiviert und noch offen.

Um den längerfristigen übergeordneten Trend zu erkennen und die dort vorhandenen wichtigen Trendlinien zu berücksichtigen, empfiehlt sich eine Analyse der Aktie der Deutschen Lufthansa mit größeren Boxen wie etwa 0,25 Euro pro Box.

9. Synonyme

Gerade im deutschen Sprachraum werden sowohl deutsche als auch englische Begriffe verwendet, die dasselbe meinen. Die unterschiedliche Übersetzung von Fachbegriffen aus dem Englischen erschwert zudem hier und da die eindeutige Festlegung von deutschen Bezeichnungen.

Zur Orientierung dienen daher diese thematisch gegliederten Synonyme.

Die erste Spalte zeigt den international üblichen englischen Begriff, gefolgt von der bevorzugten Übersetzung. Anschließend folgen weitere, synonym verwendete Ausdrücke.

Allgemein

Point and Figure	Point & Figure – P&F

Darstellung

box	Box – Kästchen – Punkt
box size	Boxgröße – Kästchengröße
reversal	Umkehr
column	Säule
X-column	X-Säule
O-column	O-Säule (sprich »Oh«-Säule, nicht »Null«-Säule)
one step back	(wörtlich »ein Schritt zurück«) – kein deutscher Terminus bekannt
high/low-method	High-Low-Trendfolge-Algorithmus
low/high-method	High-Low-Trendumkehr-Algorithmus
arithmetic scale	arithmetische Skalierung – absolute Skalierung – äquidistante Skalierung
logarithmic scale	logarithmische Skalierung – relative Skalierung – prozentuale Skalierung

Trendlinien

45° trend line	45-Grad-Trendlinie – objektive Trendlinie
bullish support line	45-Grad-Aufwärtstrendlinie – Aufwärtstrendlinie – Hausse-Unterstützungslinie
bullish resistance line	begrenzende Aufwärtstrendlinie – Hausse-Widerstandslinie
bearish resistance line	45-Grad-Abwärtstrendlinie – Abwärtstrendlinie – Baisse-Widerstandslinie
bearish support line	stützende Abwärtstrendlinie – Baisse-Unterstützungslinie
internal trendline	interne Trendlinie
channel	Trendkanal

Muster und Signale

single buy	double-top – einfaches Kaufsignal – Doppel-Top – Doppel-Spitze
single sell	double-bottom – einfaches Verkaufssignal – Doppel-Boden
triple sell	Dreifach-Top – Dreifach-Spitze
triple bottom	Dreifach-Boden
spread triple top	gespreiztes Dreifach-Top
spread triple bottom	gespreizter Dreifach-Boden
catapult	Katapult
rising bottom	steigender Boden
declining top	fallendes Top
congestion area consolidation area	Stauzone – Schiebezone
fulcrum	Fulcrum – Dreh- und Angelpunkt – (eine Stauzone, die bei Trendumkehr auftritt; vor allem bei 1-Box-Charts gebräuchlich)
triangle	Dreieck
pole	Stab oder Mast *(nicht: »Pol«)*
high pole	hoher Stab
low pole	tiefer Stab
semi-catapult	Semi-Katapult (bei 1-Box-Umkehr)
full catapult	volles Katapult (bei 1-Box-Umkehr)
stoploss	stop – Stoppsignal – Stopploss
bullish percent	bullish percent index – bullish percent indicator – Bullish-Percent-Index Bullish-Percent-Index-Signale: bull alert, bear alert, bull correction, bear correction, bull confirmed, bear confirmed

Kursziele

count – the count – price objective	Kursziel
vertical count	vertikales Kursziel – vertikales Impulsziel
horizontal count	horizontales Kursziel – horizontales Impulsziel
left wall – wall in	linke Wand
right wall – wall out	rechte Wand
activation	Aktivierung

Sonstige Begriffe

Technische Analyse

Market profile – volume-by-price – horizontal volume – activity histogram – Marktprofil – horizontales Volumen. Meint (fast) dasselbe: Das kumulierte Handelsvolumen pro Preisintervall über einen definierten Zeitraum.

Definitionen zu den Algorithmen

S = Boxgröße (box size) [Wertebereich: Zahl mit mindestens drei Nachkommastellen oder Prozentzahl mit mindestens 1 Nachkommastelle]

R = Umkehr (reversal) [Wertebereich: 1,2,3, … n; in der Praxis genügt maximal n<=5]

B = Boxbezeichnung (box identifier) [Wertebereich: Zahl mit theoretisch beliebig vielen Nachkommastellen; in der Praxis gerundet auf maximal 4 Nachkommastellen

D = Aktueller Kurs (data) [Wertebereich: Zahl mit bis zu 4 Nachkommastellen]

Boxtyp (box type) [Wertebereich: X, O]

OHLC-Daten sind die üblichen Kenndaten einer Zeitperiode, OHLC steht für Open, High, Low, Close Eröffnungs-, Höchst-, Tiefst- und Schlusskurs).

D_High sei das Kurshoch,

D_Low sei das Kurstief,

D_Close sei der Schlusskurs und

D_Open der Eröffnungskurs.

10. Literaturverzeichnis

Allgemeine Grundlagen

Murphy, John J.: Technische Analyse der Finanzmärkte. FinanzBuch Verlag, 8. Auflage 2011.
Ein Standardwerk und Klassiker der technischen Analyse. Pflichtlektüre für die Prüfungen des Weltverbandes IFTA (International Federation of Technical Analysts). Unbedingt eine Ausgabe mit »Workbook« kaufen. Übungen und Lösungen helfen sehr beim Verstehen der Thematik.

Pring, Martin J.: Technical Analysis Explained. McGraw-Hill Book Company, 4. Auflage, 2002.
Ein Standardwerk und Klassiker der technischen Analyse. Pflichtlektüre für die Prüfungen des Weltverbandes IFTA (International Federation of Technical Analysts).

Kirkpatrick, Charles D., und Dahlquist, Julie: Technical Analysis. Financial Times Prent. Int, 2. Auflage 2010.
Ein weiteres Standardwerk und umfangreiches Kompendium vieler Themengebiete der technischen Analyse. Ausführliches Quellenverzeichnis. Enthält auch ein Kapitel zu Point & Figure. Pflichtlektüre für die Prüfungen des Weltverbandes IFTA (International Federation of Technical Analysts).

Point & Figure

du Plessis, Jeremy: The Definitive Guide to Point and Figure. Harriman House Ltd., 2. Auflage 2012.
Das internationale Standardwerk und Handbuch zum Thema Point & Figure von Jeremy du Plessis. Referenzlektüre für die Prüfungen des Weltverbandes IFTA (International Federation of Technical Analysts).

Zieg, Kermit, und Weber, Heinrich: The Complete Guide to Point-and-Figure Charting. Harriman House – 2003.

Dorsey, Thomas: Point & Figure Charting. Wiley Trading, 3. Auflage 2007.

Dorsey, Thomas: Sicher anlegen mit Point & Figure. FinanzBuch Verlag 2000.
Dies ist eine deutsche Übersetzung einer älteren Auflage von Dorsey (2007).

Cohen, Abe W.: The Chartcraft Method of Point & Figure Trading – retitled as »How to use the Three Point Reversal Method of Point and Figure Stock Market Trading«, 1947.
Cohen hat maßgeblich die heute populäre 3-Box-Umkehr und das methodische Handwerkszeug dazu entwickelt. Ein historisches Dokument; etwas für das private Antiquariat.

de Villiers, Victor: The Point and Figure Method of Anticipating Common Stock Price Movements. Windsor Books. Reprint der Originalausgabe von 1933.
Ein historisches Dokument; etwas für das private Antiquariat.

Wyckoff, Richard Demille aka Rollo Tape: Studies in Tape Reading. Reprint der Originalausgabe von 1910, Martino Publishing.
Ein historisches Dokument; etwas für das private Antiquariat. Der Autor schrieb unter dem Pseudonym »Rollo Tape«.

Sonstiges

Bollinger, John: Bollinger-Bänder. FinanzBuch Verlag 2013.
Wer könnte besser über Bollinger-Bänder schrieben als Mr. Bollinger selbst.

Craciun, John: Renko, Kagi: Three Line Break. FinanzBuch Verlag 2008.
Wer sich für fernöstliche Varianten der Point & Figure-Darstellung interessiert, ist hier gut aufgehoben. Der Autor fokussiert auf die praktische Anwendung und das Handeln.

Goldberg, Joachim, und von Nitzsch, Rüdiger: Behavioral Finance. FinanzBuch Verlag, 2. Auflage 2000.

Goldberg, Joachim, und Stock, Christin: Genial einfach entscheiden. FinanzBuch Verlag 2013.

Tiedje, André: Elliott-Wellen leicht verständlich. FinanzBuch Verlag, 2. Auflage 2011.

Schriek, Raimund: Besser mit Behavioral Finance. FinanzBuch Verlag, 2. Auflage 2010.

Welz, Norman: Tradingpsychologie – So denken und handeln die Profis. FinanzBuch Verlag 2012.

11. Online-Ressourcen

www.guidants.com

Die meisten Abbildungen und Charts wurden mit der frei verfügbaren Software Guidants erstellt. Auch die für die Charts genutzten Kursdaten sind frei verfügbar. Eine kostenlose Registrierung ist sinnvoll (um beispielsweise auch Charts speichern zu können). Da die Software lediglich einen Browser benötigt (also noch nicht einmal Java verlangt), läuft sie quasi auf fast allen Plattformen.

www.godmode-trader.de

Ein Web-Portal mit sehr vielen Ressourcen für Trader und aktive Anleger. Zahlreiche technische Analysen, technische und fundamentale Kommentierungen des Marktgeschehens, diverse Publikationen sowie umfangreiche Webinar-Programme stehen kostenfrei zur Verfügung. Ebenso findet sich hier ein breites Angebot von professionellen, kostenpflichtigen Trading Services. Das Web-Portal stammt von derselben Firma (BörseGo AG), welche auch die Software Guidants entwickelt.

www.ifta.org

IFTA (International Federation of Technical Analysts). Der Weltverband der technischen Analysten. Mitglieder sind die Landesverbände – wie die deutsche VTAD e.V. Die IFTA hat die Hoheit über die weltweit anerkannten Zertifizierungsprogramme zum technischen Analysten. Es gibt weiterhin ein Konferenzprogramm und verschiedene frei verfügbare Publikationen (zum Download).

www.vtad.de

Die VTAD – Vereinigung Technischer Analysten Deutschlands e.V. – ist der deutsche Landesverband des Weltverbandes IFTA. Die Webseite bietet viele

Informationen wie regelmäßige Marktanalysen, ein Wiki-Lexikon, Regionalgruppen mit lokalen Aktivitäten, Aus- und Weiterbildungsmaßnahmen usw. Unbedingt anschauen!

www.stockcharts.com

Korrekte Point & Figure-Charts und viele Informationen rund um Point & Figure in englischer Sprache. Das Chartwerkzeug ist ein Generator: Die Charts können daher nicht selbst bearbeitet werden. Für US-Werte steht eine Vielzahl von Kursdaten zur Verfügung, jedoch sehr begrenzte Kursdaten für den europäischen Raum. Es gibt ferner die Möglichkeit, sich den speziellen Point & Figure-Marktindikator »Bullish Percent« für eine Reihe von US-Indizes anzeigen zu lassen.

www.updata.co.uk

Die britische Firma Updata bietet ein professionelles Chartanalyse-Werkzeug kostenpflichtig an, das unter anderem auch umfangreiche Point & Figure-Funktionalität bietet. Die gewünschten Kursdaten müssen gegebenenfalls separat hinzugekauft werden.

www.linkedIn.com Gruppe: »International Federation of Technical Analysts (IFTA)«

www.xing.com Gruppe: »VTAD«

http://www.youtube.com/quaffel99

Der Point & Figure-YouTube-Kanal von Reinhard Scholl

https://plus.google.com/s/reinhard_scholl
Die Google+ Seite von Reinhard Scholl

Reinhard Scholl

ist Diplom-Informatiker und beschäftigt sich seit über 20 Jahren mit den Finanzmärkten. Die international anerkannte Qualifikation als Certified Financial Technician (CFTeII) belegt sein profundes und breites Wissen über alle Bereiche der Technischen Analyse. Zudem ist er in der Vereinigung Technischer Analysten Deutschlands tätig und Trader bei GodmodeTrader.de.

Trading für Einsteiger

Daniel Schütz

Der Autor nimmt den Trading-Anfänger an die Hand und begleitet ihn Schritt für Schritt, beginnend mit der Brokerwahl bis hin zum ersten eigenen Trade. Hierbei unterscheidet sich dieses Buch von vielen anderen. Denn dieses Buch entstand nicht am Schreibtisch, sondern in der Praxis.